台北最好玩：Muying帶路深度遊台北

4大主題×30條路線×199個景點

作者——李慕盈　繪者——賴雅琦

一步步走出屬於我的路

很多人說夢想遠遠遙不可及，在定下目標後，夢想就像是高掛在天空，而我們就算走到高樓的最頂樓，也遠遠不及它的萬分之一。但對我而言夢想就算拚了命也要去完成，若是沒有一股拚勁，就真的什麼都沒有了，那麼人生也沒有什麼意義。尤其我離完美還有千萬步之差，甚至可以說從小到大我都覺得我是一個瑕疵品，如果再不努力拚搏、爭取，連一點勇氣都沒有，我的人生就這樣白白浪費，實在對不起辛苦把我養大的父母。

「瑕疵品」的標籤直到我23歲出版第一本旅遊書時，才正式拿掉，我認為是靠自己的努力狠甩這個標籤的，當時我隻身前往香港和當時的出版社自薦，拿著作品集、企劃去拜訪編輯，甚至為了這個創辦了社群美食帳號當起美食部落客，在經營一段時間後，我終於得到出書機會並在2019年10月出版《台北食玩買終極天書2020-21》並在2020年年初二刷，可惜當時的作者欄並不只有我的名字，雖留下了遺憾卻也下定決心，一定要出一本只屬於自己的台北旅遊書。

能夠出這本書除了要感謝我現在的出版社四塊玉文創、家人、插畫藝術家雅琦，還要感謝三立電視台旅遊節目的前輩們，無論是實習時的《青春好7淘》還是畢業後遇到的《愛玩客之老外看台灣》製作團隊，都對我幫助很大。除了讓我重新認識並愛上台灣這塊土地，也學到了如何尋找題材、與店家聯繫溝通、路線行程規劃、撰寫文稿、定下吸引人的主標題，甚至攝影大哥們也教會我怎麼拍照、找角度、呈現畫面，這些學習到的元素、要領，成就了這本書的完整、豐富。同時也感謝教會我如何寫新聞稿、勇敢自信相信自己的影評人膝關節，還有期間遇到的所有藝人、店家，以及我心目中最棒的主持人吳鳳、艾美、可麗姊、菜子姊、豬豬黃沐妍。

這本書除了會分享我在旅遊節目中學到的經驗，還會和大家介紹我心目中最棒的餐廳、景點，結合著Muying&Huhu插畫、美食店家、祕境景點、30條路線行程，不同於以往的寫作風格，以台灣食材、在地文化、創意台式美食為主，讓大家對台灣有更深的認識，感受台灣的美好。希望大家在觀看本書的同時，能關注石虎相關議題、並支持台灣最優秀的旅遊節目《上山下海過一夜》、《呷飽未》、《愛玩客》。

從石虎出發，傳達對台灣的熱情

在這幾年，我因為我的佛學老師李善單教授的指導，有幸成為了寶勝畫廊的藝術家。幸運的是，當時的第一件作品就被藝人黃子佼珍藏，從那次之後，我漸漸有了自信，發現自己是會創作的，認為畫畫就是表達自己最好的機會。而這幾年陸續在《台北新藝術博覽會》，《台灣輕鬆藝博會》等等參展，期間也贏了些藝術獎項，像是美國「第六屆年度線上評選展」印象派靜物類第一名&流行藝術類第五名，「焦點畫廊抽象藝術線上評選展」壓克力類第一名，這些獎項成了一股力量，不斷鼓勵我繼續前進。

從畫布到週邊商品，再從平面、實品到最流行的line貼圖，隨著不斷地突破、進步，到後來的石虎創作，都讓我愈來愈愛藝術，早在幾年前，第一次在新聞中看到石虎，喜歡貓的我，一眼就深深迷上，但諷刺的是，當時斗大的標題寫著「瀕臨絕種」四字，這樣的衝擊讓我難以置信，沒想到這麼可愛的台灣特有物種，就這樣要跟我們說掰掰……於是我開始在網路上尋找各種石虎的資料與照片，腦中也萌生了想畫牠的念頭，為了讓更多人看到牠並在看到的同時了解牠的特徵，花了很多天的時間構思。

緊接著我想到迪士尼動畫中，最喜歡的角色——外星生物史迪奇，石虎的稀有度，對我們來說就像是外星生物物種一樣，特別又珍貴，即使在創作過程中我畫了無數種版本，最後還是從中找到最符合風格且具特色的版本，隨著「石虎厝」、「石虎呷」兩個系列的畫作誕生，在遇到本書作者——旅遊作家慕盈後，我決定與她一起合作，並將我心目中可愛的她畫成插畫人物Muying，讓石虎Huhu與Muying一起躍上旅遊書，希望藉此增添旅遊書的豐富度，同時在透過此書傳遞對這塊土地的情感時，讓更多人認識石虎。

Yachi Lai

關於Muying與Huhu

Muying 慕盈

以本書作者為原型的Muying，有著大大的眼睛、長長的頭髮。平常傻傻樂觀的她喜歡旅行、吃美食、看電影、拍照，討厭紅蘿蔔跟別人捏她的手。同時喜歡發掘新事物，富有冒險精神，最愛玩高空彈跳、滑索、滑翔翼，有著台灣旅遊節目企劃的經歷，曾出版《台北食玩買終極天書2019-2020》、《騙爸爸去美國旅行》，是一名年輕作家，這次帶著虎虎一起介紹台灣這塊福爾摩沙之島，將台灣最具特色的飲食文化、創意美食介紹給大家。

Huhu 虎虎

幼幼版的Huhu，有著胖胖的肚子、可愛的臉蛋。很溫柔又善良的虎虎，有著強烈的好奇心，很喜歡冒險，喜歡吃肉肉，最討厭人家摸他的毛。是台灣特有種，最喜歡在台灣遊玩，深愛著台灣的這塊土地，這次跟著朋友Muying到台北玩，藉由這次的旅程，體驗台北最不一樣的玩法、吃遍台北最火紅的小吃、創意美食。

分區導覽——各區景點介紹

景點名稱、店家名稱

景點或店家的特色介紹

樹火紀念紙博物館

全台唯一的紙博物館

樹火紀念紙博物館於1995年正式對外開放，在這160坪、4樓的空間裡，以活潑的展示設計和引導，讓在地人、遊客都可以從中了解台灣紙的歷史文物及蒐藏，並進入紙與複合媒材結合的領域，留意生活中我們早已習以為常卻不平凡的紙類小知識。最受歡迎的造紙DIY，讓大家可以搬動著隨著氣候不同而改變溫度的紙漿和水，交織纖維，做一張專屬於自己的手工紙，另外也提供團體預約熱門的中式線裝手工書、夏日圓扇涼扇DIY。

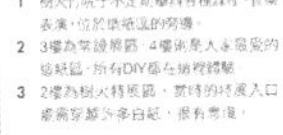

134

LA VIE BONBON

高人氣日系水果蛋糕

這家蛋糕店的玻璃甜點櫃內，擺滿著當日新鮮現做的水果蛋糕，每一款都讓人感到療癒、食指大動。店內走可愛風格，因為是日本人所開的，所以很有日式風，使用嚴選食材，採用日本的鮮奶油、日清製粉的麵粉等原料，主打將鮮奶油、戚風蛋糕及新鮮水果融為一體的水果戚風蛋糕，同時也有鹹食、餐餐可以點，最熱門的招牌非哈密瓜蛋糕莫屬，一整顆哈密瓜裡包著層層堆疊而成的蛋糕，切片後呈現令人感動的絕美斷面，吃起來綿密、滑順，吸引不少人特地前來享用。嚴選水果食療蛋糕系列，除了戚風蛋糕外還搭配果凍、果泥，超有層次又爽口。

135

QR code 一掃，立即出發！

INFO

景點或店家的基本資訊，如地址、電話、營業時間等。

照片的圖說內容

3 大主題╳ 30 條路線玩台北

不知道台北該從何開始玩起嗎？書中特別策劃 30 條主題路線，QR code 一掃，輕鬆讓你玩遍台北每一個角落！

30 條路線

路線 23

羅曼蒂克之旅

與你度過的浪漫時光

想要來趟法式的浪漫之旅，那就到玻璃屋吃飯、看大型娃娃屋，體驗造紙DIY、走訪藝術村，最後再用燭光晚餐當驚喜吧！

1 Angel café

高人氣的玻璃屋餐廳，走叢林系風格，以大量植物裝飾，一入門就有陽光直射，自然採光超好拍，餐點平價又走親覺系風格，配上紅到國外的手沖咖啡，堪稱完美。

2 袖珍博物館

在這裡可以欣賞到：娃娃屋、夢幻屋盒，還能看到歐洲傳統廣場、榮町商店街、羅馬遺跡、英國皇家閱兵大典、路易十四鏡殿等模型，無論男孩、女孩都會喜歡。

3 樹火紀念紙博物館

全台唯一的紙博物館，可以和另一半一起體驗造紙DIY，以活潑的展示設計和引導，讓在地人、遊客都可以從中了解台灣紙的歷史文物及蒐藏。

4 寶藏巖國際藝術村

台北最大的國際藝術村，藝術村內設有14間藝術家工作室，以及文青風格小舖、咖啡廳，不定時有戶外展演、展覽，並有許多裝置藝術、壁畫，隨處一拍都好看。

5 沾美西餐廳

除了能吃浪漫燭光晚餐，途中還有鋼琴演奏，整間店走暖色系風格，牆上掛了不少畫作，地板鋪有歐式地毯，就連甜點都擺得像國外舞會一樣精緻。

294

295

INFO

地址　時間　注意事項　經銷通路　運送方式

電話　交通　網址　付款方式

本書所有景點及店家資訊，皆為採訪當時的資料，實際資料以店家提供為主。

目錄 CONTENT

Chapter1 信義區

必訪特色之旅

口袋名單不藏私

氣氛絕佳不失禮

Chapter2 松山區

必訪特色之旅

Chapter3
東區

Chapter4
萬華區

Chapter5 中正區

Chapter6 大同區

Chapter8 大安區

Chapter9 士林區

必訪特色之旅

氣氛絕佳不失禮

口袋名單不藏私

Chapter10 內湖區

必訪特色之旅

在地排隊美食

氣氛絕佳不失禮

口袋名單不藏私

Chapter11 北投區

Chapter12 新北市區

在地排隊美食

30 條一日路線

深度紀行×羅曼蒂克之旅×我是冒險王

這樣玩台北，最內行

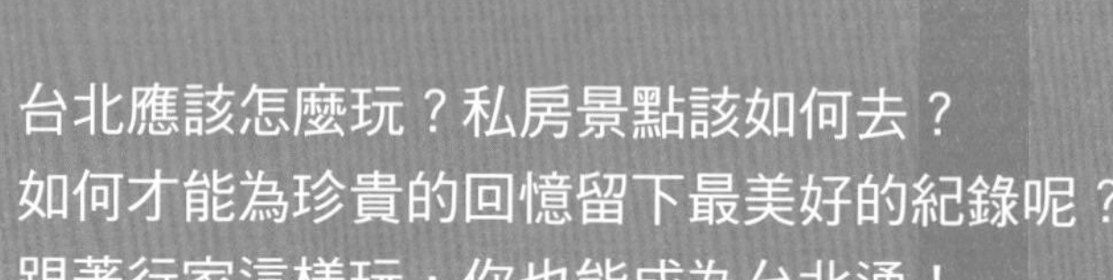

台北應該怎麼玩？私房景點該如何去？
如何才能為珍貴的回憶留下最美好的紀錄呢？
跟著行家這樣玩，你也能成為台北通！

善用大眾運輸工具，台北地區任你趴趴走

台北的交通很方便，在熱門景點附近也總會設有停車場。除了開車、騎車外，沒有交通工具的朋友們也可以大大鬆一口氣，不只捷運和公車，現在也能租乘YouBike、GoShare，無論在哪都能輕易找到代步工具。

台北捷運 Go

車站資訊、列車到站時刻、捷運路網、好康活動、景點服務，使用者可根據喜好習慣設定主要畫面，節省操作時間。介面包含桃捷、高捷、高鐵、台鐵、貓空纜車的網頁及YouBike、台北好行APP下載介面等，讓遊客事先安排行程更順利，也能從容地掌握搭乘時間。

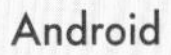
Android

IOS

YouBike 微笑單車

提供會員註冊功能，一機快速註冊成為會員後，便可享受騎乘的樂趣。可登入會員專區，更新個人資料、查詢交易紀錄與進行卡片管理，也能提供租賃站位置與站點車輛車位查詢功能。

Android

IOS

GoShare 移動共享服務

為電動機車租借APP，一鍵搜尋附近最適合的車輛，內建導航輕鬆找到並解鎖車輛，車廂內附免費使用的安全帽，全年無休24小時服務。自由騎行換電超簡單，暢遊城市的騎乘途中，若車輛有補充能源的需求，可輕鬆查詢最近的GoStation電池交換站點，快速完成換電，無須花費任何油資。

Android

IOS

人氣店家，這樣找就對了！

許多人都以為台灣旅遊節目拍攝的店家都是置入的，事實上恰恰相反，所有的店家都是旅遊節目的企劃去找尋的，去哪找呢？那就是現在最火紅的社群媒體Instagram，多數會用標籤尋找，例如要尋找台北美食時，就會打上＃台北美食、＃台北美食地圖，若是有更精準的目標，就會以＃台北甜點、＃台北火鍋搜尋。

同時當紅的美食部落客、自媒體也都是我們參考的對象，根據當集主題選擇最合適的店家，而店家必須符合以下條件，才會被節目企劃看到，甚至通過導演、製作人的審核，成為大家心中的人氣店家。

1／「創意」到難以取代

分子調酒泡泡派對、喝酒變吃冰淇淋
・She_Design TAPAS SOJU BAR

多種水果創意擺盤、意想不到的全新創意組合料理
・Wood pot

2 ／「浮誇」到其他餐廳不敢學的超高話題性

以性愛為主題的餐酒館，滿牆小玩具當裝飾
・房間餐酒

完美複製港式點心外型，不說不知道是西點
・Yellow Lemon

3 ／「美味」到必須排隊的美食

來自宜蘭雪山、東岸太平洋的天然豆花
・白水豆花

養生首選，料多到快滿出來
・雙月食品社

4 ／「傳統」到獨一無二的手藝

飄香40多年，餅皮超厚多汁
・溫洲蘿蔔絲餅

Q彈滑嫩、滿滿筍絲和瘦肉的肉圓
・安東街彰化肉圓

美食這樣拍，最美味

只要掌握這4大要領，就算沒學過攝影，也能拍出讓人驚豔的美食照，不同的角度會有不同效果，只要能學會，就成功邁出第一步啦！

1 ／動態畫面一瞬間

明明是平面照片，卻感覺食物正在冒煙、煉乳沿著草莓塔緩緩流下，動態感十足。

2／近距離取景

能清楚看到美食的餡料，蛋餅的牽絲讓人食指大動。

3／捕捉最自然的時刻

每人夾一道菜或舉杯祝賀，讓畫面更有真實感。

4／餐點大集合

將全部餐點放一起拍攝，不僅視覺上看起來豐富，也能讓人感受到店家的風格。

美味必推伴手禮

台北總有種魔力，讓你什麼都想玩又什麼都想買，
這些代表台北的經典好物，不只讓你當下吃得過癮，
等回家再度享用，回憶隨著食物飄香，似乎變得更加美好了！

Meysu 美愫 100% 純天然果汁

以愛出發的健康果汁

24 小時線上訂購
通路：www.momoshop.com.tw
販售：HOLA 特力和樂
運送：宅配到府（momo 購物網）
付款：線上刷卡、到貨付款

由台灣女婿吳鳳引進，除了希望家鄉果汁能被大家喜愛，更重要的是完成爸爸想要他當老闆的願望，因此才開始發展果汁事業，而爸爸過世後，吳鳳也曾在採訪中提到，不管在台灣還是土耳其，無論爸爸的夢想是什麼，都會替他完成，讓大家深受感動。吳鳳非常愛家人，就連賣果汁也以「愛」為出發點，賣的全都是100%純天然、不加糖、不含防腐劑的健康果汁。果汁口味高達7種，包含土耳其產量第一的「杏桃蘋果汁」、「水蜜桃蘋果汁」，還有「酸櫻桃葡萄汁」、絕佳抗氧化成分的「紅石榴汁」、單一口味的「蘋果」、「葡萄」汁、有7種蔬果的「綜合果汁」。除了果汁外，吳鳳也引進了來自土耳其的天然無花果乾、杏桃乾，無論送禮或自己品嚐，都是最棒的選擇，健康、天然、美味，一次滿足！

（照片提供／吳鳳）

1 吳鳳從小就愛喝這款土耳其果汁，在引進果汁前，每次回土耳其都會帶幾瓶回來喝。

2 土耳其是前3大紅石榴生產國，用新鮮的紅石榴製成果汁，再美味不過。

1 不定時有限定店，幸運的話還會遇到千千本人。

2 千拌麵是美食YouTuber千千努力研發，目前共有2種口味。

3 特製台式手釀辣豆瓣醬超涮嘴，適合愛吃辣的朋友。

（本篇照片提供／千千）

水哦千拌麵

滿足你的台灣胃

- 週一至週五 10:00～18:00（官網客服時間）
- （02）8511-3299
- 通路：
  1. City Super、Jasons Market（全台門市）
  2. 來好＊提供網購海外寄送服務
  3. 合藝埕（台北市迪化街一段 82 號）
- 宅配到府
- 線上刷卡、到貨付款、門市購買
- www.suiooh.com

《水哦》的由來，源自於對台灣味的讚美，台語讀音為「suiooh」。當我們看到美好、漂亮的東西，就會忍不住驚嘆的說：「水哦！」，其品牌於2018年由台灣美食YouTuber千千成立，以「千拌麵」作為主打商品，口味皆以「熟悉的台灣味」開發。經典口味「黑麻油麵線」使用100%黑芝麻提煉的純黑麻油，以及在地小農的契作老薑，是台灣囡仔從小吃到大的阿嬤的味道。

8 Sense Garden
覺思花園

精緻的花朵藝術蛋糕

(02)2761-7555、0905-713-637
訂購：
Facebook 粉專（8 Sense Garden）
Line 線上客服：@xaw1318z (須加 @)
Instagram inbox：8sensegarden
運送：宅配到府運費另計、親取，地點為台北市民生社區）
轉帳匯款確認後即下單製作

1 會用5～6種鮮花搭配，整體呈現亮麗、獨特，擁有收禮人專屬風格。
2 全手工製作的蛋糕，使用當季新鮮食材，吃起來綿密細緻、口感絕佳。
3 在不同季節、節日推出限定禮盒。

辦派對要留下深刻印象，不僅要花心思布置，還需準備蛋糕和禮物，這時候選「8 Sense Garden 覺思花園」的蛋糕，絕對是最棒的選擇，不僅少了送禮的麻煩，同時還布置好了場地。蛋糕裝在透明的禮盒裡，內含搭配好的鮮花、金色蠟燭、餐具，甚至連客製卡片、進口銀箔手提袋都有，放在桌上就是藝術品，連裝飾都不需要，收到的人一定都能感受到送禮人的用心、溫度。如同品牌創辦人Jessica所說的：「在生活中的每一個片刻，傳遞幸福。」

(本篇照片提供／ 8 Sense Garden 覺思花園)

1 增強抵抗力，讓身體補充營養，安全檢驗合格、嚴格為顧客把關。
2 遵循古法雞肉食補的飼養原則。
3 永康錄原為永康商圈最熱門的養生餐廳，後轉型改為網路經營，專門販售自家滴精雞。

（本篇照片提供／永康錄滴雞精）

永康錄滴雞精

最具溫度的養生伴手禮

(02) 3393-2120
24 小時提供線上訂購
運送：宅配到府
線上刷卡、到貨付款
www.ykr.com.tw

提到足以代表華人的養生保健食品，非滴雞精莫屬，無論送禮、自用都很合適。相信大家在選用營養補品時，對品質、成分會特別注意，因此特別介紹了這款營養補品，那就是讓我在1個月內連續回購3次的永康錄滴雞精。原料採用花蓮瑞穗人道飼養的黑羽放山土雞，飼養120天以上，整隻雞慢熬15小時，不加任何一滴水及添加物，不僅堅持高品質的雞肉來源，還嚴格為顧客把關所有製作流程。採鋁袋密封包裝及商業高溫滅菌，可常溫保存24個月，零脂肪又低熱量，保留小分子蛋白質及胺基酸等營養，且分成一包一包的，方便大家攜帶。

合興壹玖肆柒

古法水蒸鬆糕

台北市大同區迪化街一段 223 號
(02)2557-8060
週二至週日 11:00～19:00，週一公休
捷運大橋頭站 1 號出口，步行 10 分鐘
www.hoshing1947.com.tw

1 高質感的店鋪，無論環境或是糕點都很有溫度。
2 熱門必點的有黑米花生、芝麻、楓糖黑豆、桂花芝麻等4款鬆糕，還有我最愛的千層饅頭。

合興壹玖肆柒座落於台北市大稻埕的迪化街上，是承襲70年的傳統中式糕點店，由第3代接班人鄭匡佑與任佳倫夫妻共同經營。除了保留傳統，也致力創新，嚴選彰化原生黑米，並搭配自家炒的台灣花生作為內餡基底，將傳統技藝手敲鬆糕再設計，總共有梅花、花朵、楓葉、圓形4種造型，從選米、洗米、磨米到拌粉全都一手包辦，顏色全為純天然。熱賣的除了鬆糕還有紅糯米鮮肉粽、各式饅頭、蜜汁火腿、壽桃等傳統美食，其中我最愛的千層饅頭，讓不敢吃芋頭的我也一吃就愛上，裡頭放了奶黃、芋泥、豆沙、起司，層層堆疊，濃郁微鹹。合興壹玖肆柒不只在迪化街有店面，還有宅配網購服務，是送外國朋友們的最佳伴手禮之一。

1 實體店面提供各式禮盒。
2 現場除了禮盒購買也可單項選購，自由做挑選。
3 店門口有大大的草莓大福模型。

滋養製菓

滋養心頭的天然好滋味

- 台北市大同區迪化街一段 247 號
- (02)2553-9553
- 09:00 ~ 19:00
- 捷運大橋頭站 1 號出口，步行 8 分鐘
- www.wagashi.com.tw

滋養製菓創立於1953年，始終不曾改變的，便是「食物天然，最宜滋養」以及「餡料親製」的信念，同時堅持選擇這塊土地上最優質的頂級食材，如台東的優質米、聞名國際的屏東特級紅豆。從數十年前的首枚和菓子，到今日店裡的任一成品，皆是由每任老闆親自選取各色新鮮豆品、糖蜜、粉、時果鮮蔬，堅持嚴守天然無添加，就連最火紅的草莓大福，過了季節都會下架，換成當季其他限定和菓子。除了草莓大福也有許多熱門產品，像是內餡為小倉紅豆粒餡以糯米燒製成的「最中」、能嚐到果肉Q勁和天然的鳳梨香氣的「鳳梨酥」、入口可嚐到糯米香氣甜蜜豆香，多層次滋味的「大福麻糬」、酥薄細緻外皮，口感綿密且帶著綠豆清香的「綠豆椪」。

老日香餅舖

古法傳承的百年糕仔

新北市新莊區碧江街98號
(02) 8992-1216
11:30～21:30，週二公休
捷運新莊站2號出口，步行7分鐘
www.lauzisean.com.tw

1　心願糕：分別有原味及綠豆2種口味，能自由選擇想要搭配的吉祥話。

2　招財糕：嚴選純綠豆粉與白米粉製作。

說到台灣伴手禮，不得不提到一家五臟俱全，所有傳統糕點都有賣的「老日香餅舖」不僅在新莊享有名氣，更獲得無數獎項。第3代老闆張成盧先生結合現代烘焙技術，保留傳統「新莊糕仔」的米食文化，在創新下依然「嚴選食材、堅持品質」，因此來客不斷，是外國人最愛買的伴手禮，以「台灣為水果王國」的出發點，研發不少台灣水果糕，張承盧不只將記憶中先父的手藝摻入米中，還加入嚴選的水果、果乾，給潤糕帶來了多種風味，飄著果乾香的潤糕，不只深受老饕們喜愛更成為新一代的低脂健康點心，為了更符合年輕人的口味，除了豆沙、綠豆等傳統食材，更多了黑糖麻糬、巧克力、抹茶、蔓越莓的糕仔，外型上也有不少突破像是擁有粽子造型的包糕粽、能傳達心意的心願糕、金元寶的招財糕、兔子造型的寶貝兔、像水蜜桃的壽桃糕。

(本篇照片提供／老日香餅舖)

石虎來帶路

Chapter 1 信義區

時尚潮流的都會場所

除了台灣最大的地標 101 大樓坐落在此，還有超多購物商城百貨及知名品牌入駐，是潮流、時尚的中心，有多種反轉魅力：像是松山文創園區、四四南村等文創店家掀起的文藝風；每當夜晚時，搖身一變，坐擁許多高檔歐式餐廳、時尚酒吧、餐酒館、夜店的都會場所，無論是哪種樣貌都讓遊客們玩得十分盡興，是全台北最繁華的地區。

熱門景點交通方式

▪ 台北 101 大樓－捷運台北 101 ／世貿站 4 號出口　▪ 四四南村－捷運台北 101 ／世貿站 2 號出口　▪ 松山文創園區－捷運國父紀念館站／ 5 號出口

松山文創園區

最大的文創聚落中心

台北市信義區光復南路133號
(02)2765-1388
09:00～18:00
捷運國父紀念館站5號出口，步行10分鐘

松山文創園區作為國際型的文創聚落，從扶植原創的精神出發，鼓勵創新性與實驗性，提供創作者群聚，為台灣重要的創意樞紐。園區非常大，除了是國際性的文創聚落外，也提供平台讓大家參與藝術與原創活動，體驗無限創意。每週五至週日經常舉辦市集，熟悉的1到5號倉庫也不定時有熱門展覽展出，身為市定古蹟的製菸工廠也常舉辦學校成果展、個人展，也有多家文創店家入駐誠品生活松菸館，無論是想來逛街、欣賞展覽、散步都非常適合。

1 誠品生活松菸館販售不少文創商品，甚至還有DIY體驗。
2 就連五月天、李洪基也曾在這舉辦《STAY REAL LIFE #在場証明特展》。
3 1到5號倉庫常舉辦熱門展覽。

1 一開始就能挑選要做什麼類型的桌燈。
2 盡量選擇線條造型的圖片，效果會更好。
3 完成作品前可挑選想要的燈泡，圖中為LED燈的愛心燈泡。

HUBOX 職人手作造型燈 誠品松菸店

具手作溫度的質感燈具

就算沒有任何基礎，也能自己動手敲敲打打，享受工業設計的樂趣。從挑選木頭開始，切鉅、雷刻、組裝管件，通通自己來，人人都能在專業職人的教學下製作一盞經典工業風燈具。燈具除了擁有復古的外型，還結合觸控調節光源功能，兼具收藏與實用價值，能用1盞燈說1個故事，妝點生活中的每段時光，無非是件具有意義的事。從木塊、燈座到愛迪生鎢絲燈泡都有不同風格可供挑選，甚至能雷雕上自己挑選的圖片，無論送禮自用都完美！

- 台北市信義區菸廠路88號2樓
- (02)6636-5888 #1604
- 11:00～22:00
- 捷運國父紀念館站5號出口，步行10分鐘

MUVIE CINEMAS

享受奢華的觀影體驗

- 台北市信義區松仁路58號10樓（遠百信義A13）
- (02)7750-0888
- 依電影場次為主
- 捷運台北101／世貿站4號出口，步行5分鐘
- MUCROWN頂級影廳的精緻餐點，可於觀影前先至MUCROWN大廳享用

位於遠百信義A13的MUCROWN奢華影廳，猶如頂級頭等艙的硬殼式包廂，從皮革座椅、琥珀燈、無線充電到專屬置物空間，一應俱全，自踏進影城起，便感受雅緻的氛圍。首次結合亞洲TOP 50酒吧調酒與主廚特製精緻料理，看電影也能體驗輕鬆自在的飲酒用餐。MUVIE CINEMAS全影廳（共8座）皆擁有美國知名THX認證，由盧卡斯影業（Lucasfilm）所制定的影廳高標準播放系統審核，全影廳放映機皆為4K雷射投影、隱藏式的7.1環繞音響與4迴路音效，座椅採用皮質座椅，提供猶如搭乘頭等艙的尊榮享受。

1 以東方美學為設計概念，利用天然石木堆砌打造雅緻頂級影城。

2 MUCROWN獨立休憩大廳，提供舒適的絨質沙發座椅。

3 專屬私人包廂式影廳的可調式座椅，可調整觀影角度。

101 Skyline 天際線 460

俯瞰台北，漫步高空

台北市信義路五段7號89樓
(02)8101-8800
每日13:00、14:00、15:00，共3個場次
捷運台北101／世貿站4號出口，步行2分鐘
www.taipei-101.com.tw
Skyline 460套裝行程需提前預約，相關活動及優惠訊息依官網最新公告為準

1 在101樓最高樓頂每人都能獲得一張免費的專屬紀念照。
2 遊玩後還贈送證書跟101設計瓶裝水和紀念品。
3 在高處體驗居高臨下的快感。

來到信義區，怎能不來趟101大樓？尤其近年開放的「Skyline 460」，為亞洲最高戶外平台，不只可以看360度台北美景，還有專屬電梯直達海拔460公尺觀景台，在做好安全措施後，就可進行體驗，過程中也有專人拍下專屬紀念照，整套「Skyline 460」行程還附贈證書、101設計瓶裝水和紀念品，實在超值！在享受完美景後，便可下樓喝免費的雲朵咖啡，並前往89樓觀景台，觀看主題策展活動。行程結束後，回到5樓入場區，還有全新改裝的8K投影幕，搭配水晶音樂裝置為整體觀景遊程鋪陳獨有的敘事，呈現台灣山林、海洋、瀑布等自然多元景觀，氣勢磅礡，畫下美好句點。

幾米月亮公車

承載世上最後的希望

台北市信義區信義路五段100號
(02)2729-2000
09:00～21:00，週一公休
捷運台北101／世貿站4號出口，步行3分鐘
排隊免費入場，參觀時間為10分鐘，每一梯次最多15人

以幾米的繪本《月亮忘記了》為主題打造的月亮公車，是全台北第1座幾米主題的大型戶外裝置，《月亮忘記了》這本書描述了男孩找到月亮的故事，同時隱喻在月亮不見後，人們利用科技做出許多月亮，使原本的月亮變得不再重要，呼應著主題月亮忘記了，不是月亮忘記人們，而是人們忘記了月亮。車上唯一的乘客就是找到月亮的男孩，巴士司機則是隻大熊，結合了所有繪本中的元素，若是幾米的粉絲，路過時不妨前來拍幾張照片。

1 公車內的男孩抱著月亮，完整還原故事。
2 公車上的男孩同樣為書中抱著月亮的男孩，舉著大大的月亮歡迎大家前來。
3 鄰近台北101大樓，過個馬路即可到達，逗留時間差不多為10分鐘。

1 眷村小徑狹窄別有一番風味。
2 市集能挖到不少好物，包含底片、舊型相機。
3 質樸風格的建築，吸引許多女孩取景拍照。

四四南村

藏身鬧區的眷村

- 台北市信義區松勤街50號
- (02)2723-7937（信義區公所）
- 09:00～17:00，週一公休
- 捷運台北101／世貿站2號出口，步行4分鐘
- 每週日及每月雙週的週六均有市集擺攤，營業時間為13:00～19:00

四四南村是許多女孩來信義區必拍照的景點之一，為國共內戰時期的產物，同時也是台北地區的第1個眷村，在當時住戶均為聯勤44兵工廠的廠工。雖已將部分房舍改建為信義公民會館，作為舉辦活動及展演的開放空間，但依舊保留當時的小徑、碉堡，目前除了假日市集，也進駐不少文青、在地店家，結合多項元素，呈現台北不同的樣貌，每週日的午後也有獨立音樂人現場演出。

1 許多人都選擇在燒陶壁畫前拍下紀念照。
2 蝙蝠洞旁有旋轉樓梯往左邊走即可抵達拇指山情人樹金龜婿洞。
3 蝙蝠洞裡有許多正在睡覺的蝙蝠。
4 拇指山情人樹金龜婿洞別於其他月老廟，可求事業、友情、親情。

舊埤溪和興炭坑×拇指山情人樹金龜婿洞

隱身市區的蝙蝠洞

- 台北市信義區信義路五段150巷471弄（舊埤溪和興煤炭）
- (02)2720-8889
- 09:00～17:00
- 捷運象山站2號出口，搭乘計程車或租借YouBike、GoShare前往

信義區這樣繁榮的地區，其實藏著一處舊坑道，一進入就會看到繪製煤炭製造過程的的燒陶壁畫，還有鐵軌、蝙蝠洞，是在地人才會知道的景點，許多人以為蝙蝠洞早在信義區開發後就沒有蝙蝠入住，事實上裡面不僅真有蝙蝠垂掛睡覺，數量還不少。和興炭坑的左邊便是拇指山情人樹，在這裡好姻緣不僅求愛情，連同友情、事業上的貴人都能求，已婚者、有對象者也能來這綁紅線祈求感情更穩定長久，未婚單身者也能綁紅線求的好姻緣，在地人都說非常靈驗。

i-Ride TAIPEI 無限飛行事務局

引領全球的 5D 感官體驗

台北市信義區松智路17號6樓（微風南山6樓）
(02)2723-8098
週日至週三11:30～21:30，週四至週六（含例假日前夕）11:30～22:00
捷運台北101／世貿站4號出口，步行4分鐘

台灣科技團隊重磅打造，3層樓高巨大球幕包覆級的視聽饗宴，搭配風、水及氣味等特效，達到視覺、聽覺、嗅覺、觸覺與位移的五感體驗。整體就像走進太空艙實驗室使用鈦金屬、具有未來感的風格打造科技感環境。體驗前會拍照並有小影片做開頭介紹，全程都有毫無死角的絕佳視野，搭配舒適座位，雙腳離地、飛行於高空，搭配劇院級全景視野、聲光效果、水霧及氣味等元素，猶如身歷其境。

1 每隔一段時間就會推出新的主題，每次都引起巨大迴響。
2 禮品專區有不少專屬紀念品，還能選擇是否要購買先前拍攝的照片。
3 具備專利的懸空式電子驅動六軸平台可以更完美呈現不同的飛行角度。

She_Design TAPAS SOJU BAR

引領潮流的分子調酒

台北市信義區基隆路一段127號1樓
(02) 8787-3918
週一至週六17:30～01:00（週五至週六營業至02:00），週日14:30～22:00
捷運市政府站1號出口，步行10分鐘
（本篇照片提供／ She_Design TAPAS SOJU BAR）

1 「Tipsy Corn」不能説的玉米冰淇淋：以奶酒與威士忌作為基底並增添跳跳糖，一旁還有OREO餅乾和爆米花。
2 奶奶菜包肉2.0：使用肥瘦比例均勻的韓國蒸五花肉，搭配特製是拉差番茄辣醬、蜂蜜蒜泥醬，將五花肉、麻糬、甜羅勒葉、黃瓜包入奶油白菜。
3 玫瑰香料桂花氣泡調酒：玫瑰花精緻美麗典雅，使用聖誕紅酒製作。
4 下酒四宮格（芥末生章魚/酥炸小螃蟹/手工醃泡菜/麻油水母）。

無論是男人還是女人，失戀時別再將矛頭指向自己，或許只是時機不成熟罷了，有天你也會遇到適合你的真命天女、真命天子，就像老闆和老闆娘一樣，因為熱愛調酒、旅行，共同創了這家別於以往的創意餐酒館。She_Design TAPAS SOJU BAR是信義區最火紅的餐酒館之一，不僅有許多創意浮誇分子調酒，還推出不少玩味視

覺料理，除了多種烈酒，最特別的就是融入了大量以韓式燒酒自釀的花果香料等變化出的基酒，目前推出15種不同口味，有紅心芭樂、情人果、紅醋栗的果香酸甜，也有香草肉桂、英國薰衣草等花香調酒。

最特別的是，在這裡，調酒不再只是液體，像是期間限定的「Toothpaste」就以牙膏方式呈現，一旁還有牙刷作裝飾，原先以為不能吃，卻是如假包換如冰淇淋般濃濃薄荷味的30%酒精濃度調酒、「Tipsy Corn」不能說的玉米冰淇淋，以玉米方式呈現讓大家嘖嘖稱奇，實質上卻是5.8%酒精濃度具奶香味的調酒。此外，美女闆娘也有許多創意點子，時常跟上流行趨勢推出期間限定主題菜單，像是「Tale as Old as Time」美女與野獸下午茶套餐、《梨泰院CLASS》的「甜栗酒館」、草莓季下午茶派對。

L.A PHO越南河粉

來自洛杉磯的越南料理

台北市信義區松壽路30號（Neo191樓）
(02)2722-8700
11:30～21:30
捷運台北101／世貿站4號出口，步行5分鐘

在美國洛杉磯稱霸多年的美式越南餐廳「L.A PHO」在信義區同樣紅翻天，不僅料理種類豐富，從越式家常菜、小吃到沙拉湯品應有盡有，店內布置還有滿滿越美式風格，被媒體們稱為「最時髦越式餐廳No.1」吸引不少知名藝人來光顧，像是國際巨星林俊傑、梁靜茹、蕭敬騰，及知名綜藝主持人阿Ken、浩子等藝人。我和我朋友也不例外，每當來這用餐都拍上好幾張照片，從門口美式風格的塗鴉到餐廳內的壁畫、滿牆越式斗笠，每一處都色彩鮮明的設計，讓人一來就愛上。

餐點除了本身精緻也有不少醬料，一入座就會看到大廚用蝦米、干貝、紅蔥頭手工煸炒的獨家辣椒油，還有特別從美國帶回來的辣雞醬（Sriracha Hot Chili Sauce），搭配所有料理都能增添層次且入味。

1 不只有壁畫及越式斗笠，就連辣雞醬也成裝飾。

2 多樣餐點與朋友共享更美味。

賴床 In Bed

吃早餐必須賴床才行

台北市信義區吳興街284巷5之8號
(02)2732-1361
週三至週五08:00～15:00，週六至週日08:00～15:30，週一至週二公休

1 整個鐵板上充滿滋滋作響的起司，配上創意十足的椒麻雞腿刈包。

2 從左至右分為為火龍果鳳梨豆漿、法國女友、雨過天晴。

起床啦！別再賴床了，平常想賴床卻不得不起床的年輕闆娘們，因為知道賴床總有千百萬種理由，不僅將營業時間拉長到下午3點，甚至還將床直接搬到店門口，睡不夠就繼續睡吧！想賴床沒關係，還有超美味的早餐可以吃！不只號碼牌是牙刷，更將客滿中的燈牌改為「滿床中」，一入店便是滿牆的梳洗用具、睡衣寢具，還提供各種可愛小道具讓客人拍照；餐點部分也同樣吸睛，像是選用自製起司醬和mozzarella起司的超牽絲「起司多到流口水」鐵板蛋餅、椒麻雞腿排刈包、賴床獨家炒泡麵、泰式炸香蕉，還有多款創意飲料，為了讓客人一早喝的健康，闆娘也特別將豆漿與水果結合，必喝的就有火龍果鳳梨豆漿和香蕉豆漿。

叁食

最優閒的仙人掌咖啡廳

台北市信義區仁愛路四段440號1樓
(02)2758-0170
09:30～19:30
捷運國父紀念館站3號出口，步行7分鐘

2

3

4

1 鹽漬檸檬白酒燉雞：搭配白酒一起燉，配上酸酸的檸檬提味，不需任何沾醬就超美味。
2 「小太陽蛋飯糰」份量十足；熱呼呼現炸的「雙色地瓜球」超Q軟。
3 飲料分別為草莓檸檬氣泡飲、玫瑰拿鐵、抹茶牛奶、水果茶」。
4 「起士蛋薯條」直接倒出的擺法讓人食慾大增。

我喜歡這家咖啡廳，因為這裡充滿了溫度、巧思，無論是手工製作的餐點，還是店內隱約灑在仙人掌上的陽光，或是老闆娘親切招呼客人的聲音，都讓我覺得很喜歡。店內的桌椅有歐洲風及磨石子的白色風，最讓我喜歡的還有利用剩餘紙張製成的杯墊，店面外還有仙人掌是女孩們最愛拍照的地點。餐點都很有特色，人氣最高的除了韓式風格的「小太陽飯糰」、美式風格的「起士蛋薯條」還有台灣最受歡迎的小吃「雙色地瓜球」不僅現炸還包餡，以及高人氣招牌手工甜點「香草籽焦糖布丁」，非常適合姊妹們的午茶聚會。主食除了「鹽漬檸檬白酒燉雞」，還強烈推薦「大人味3號蝦咖哩」，咖哩濃郁，還帶有濃濃蝦味，是在其它地方也吃不到的美味料理。來到叁食咖啡，一次滿足你所有的味蕾！

軟食力 Soft Power

回歸古早傳統味

台北市信義區嘉興街216巷12號
(02)2732-5453
週一至週五07:00～14:00，週六至週日07:00～15:00（賣完即打烊）
捷運六張犁站出口，步行8分鐘

軟食力由一群年輕人開創，理由是為了保留台灣的美好，將記憶中最傳統的味道傳承並延續。軟食力的軟蛋餅是全手工製作，由宜蘭五結「力丸傳統早餐」的師傅親自傳授，經過完美粉漿比例調製，將麵皮煎至微焦，外層酥脆、內層柔軟，與機器做的蛋餅皮明顯不同。除了軟蛋餅外，也以饅頭加蛋做發想，推出饅力堡系列，還有紮實料滿的傳統手工飯糰供選擇，加購10元，傳統點心還能換成由蝦米、蘿蔔、臘腸、肝腸製成的招牌手工菜頭粿。秉持「人生硬著幹，蛋餅軟著吃」的精神，千萬別錯過這家道地傳統早餐店。

1 所有餐點皆現點現做，用手作的溫度將台灣飲食文化發揚光大。
2 扛棒尚好饅力堡：使用台灣味十足的九層塔蛋，饅頭還提供黑白2色做選擇。
3 五香豆乳雞蛋餅：古早味軟蛋餅夾著濃郁起司，及現煎五香豆乳雞。

旭集 和食集錦 SUNRISE

全台最浮誇的日式吃到飽

台北市信義區松仁路58號（信義A13大遠百9樓）
(02)8780-3366
11:30～14:00、14:30～16:30、17:30～21:30
捷運台北101／世貿站4號出口，步行5分鐘

許多日本人都誇旭集的餐點，比日本當地吃到飽還齊全，細選當令頂級食材，就連店面都充滿禪意，有京都當地建築氛圍。旭集就是主打職人料理，堅持從日本空運及產地當日新鮮直送，為的就是讓客人能一次嚐盡所有頂級海鮮。一般自助餐都會將生魚片、握壽司放在同一區，旭集卻是細分生盛、巧餡2區，甚至還有烤鰻魚飯、炭烤牛舌、香煎干貝佐日式芥末、牛肉朴葉燒、鮭魚石狩鍋、鮑魚土瓶蒸等高級日式料理。最讓我驚訝的地方就是甜點、飲料，甜點除了蛋糕還有多種和洋菓子和可愛人形燒，就連冰淇淋都手工製作。

1 選用當季海鮮稀有食材。
2 多款甜點精緻典雅。
3 內容為燒霜鮭魚薄切、舒肥牛造薄造、東港鮪魚阿拉伯藍鑽蝦、海鮮琥珀球。

饗饗 INPARADISE

超高級海鮮盛宴

台北市信義區忠孝東路五段68號（微風信義46樓）
(02)8780-9988
11:30～14:00、14:30～16:30、17:30～21:30
捷運市政府站3號出口，步行3分鐘

饗饗最有名的是選自當令季節的新鮮海鮮，甚至還有可以生食的有機藍讚蝦、汶萊有機無毒藍蝦握壽司。分為8大區域，每區的美食都很多樣，建議直接選擇現煎鐵板料理，有師傅現場現做，更有法式羊排佐薄荷醬、香料雞腿佐蘑菇醬、草蝦佐辣味茄汁、黑松露牛小排佐海鹽、煎干貝佐明太子醬等5種料理，一旁的爐烤肋眼牛排、楓糖烤豬肋排也很美味。必吃的人氣料理還有鮑魚海鮮粥、現沖鮮牛肉湯、菠菜奶油生蠔；甜點部分也多樣化，尤其是舒芙蕾膨脹高度恰好，每樣甜點都需要高超的技巧，甚至還有整個蜂巢，讓大家挖蜂蜜配著蛋糕吃。

1 每種主食都搭配不同的特調醬汁，猶如頂級西餐廳。
2 多款精緻手工法式甜點，其中舒芙蕾有黃金品嘗時間，會由服務生親自拿到桌邊。
3 炙燒握壽司每款都好吃，最特別的是炙燒鰈魚鰭邊肉握壽司。

1 咖哩滑蛋龍蝦搭配濃郁咖哩和細膩滑蛋，抹在麵包上一同享用更加美味。
2 熱帶雨林森林系風格，多種泰式藝術壁畫及紋路磁磚。
3 泰式米沙拉：使用12種天然泰國辛香料、水果蔬菜，拌在一起清爽開胃。

Thaï.J 台北ATT店

顛覆你對泰菜的既定印象

台北市信義區松壽路12號10樓
(02)7743-1988
週一至週六11:30～02:00，週日11:30～22:00
捷運市政府站號出口，步行9分鐘

應酬講求氣場，為了要營造出色印象，餐廳選擇往往為重要環節之一，除了環境舒適、不吵雜，最重要的就是餐點美味，若是不想太嚴肅又想兼具以上條件，不妨選擇帶有濃濃異國風情、不失氣勢、自然舒適的Thaï.J。坐擁花園視覺101景觀、法式水晶燈及多種裝飾藝術，走入餐廳彷彿進入一場時尚派對，一桌一椅都充滿巧思，顛覆饕客們對泰國菜的印象，融合法式風格、提升層次與細膩度，就連餐點的擺盤、味道都一絕，必點餐點有：泰式米沙拉、泰式檸檬魚、咖哩滑蛋龍蝦、金錢蝦餅、紅咖哩燉蝦、椰香咖哩雞肉串、酒香蘋果炒松阪豬。

Chapter 2 松山區

國際機場超便利 巨星也愛的饒河夜市

總能看到飛機翱翔天際的松山區，至日治時期建設機場到戰爭結束後，已不斷擴大交通，除了增加許多航線和航班，在周邊也設有快速道路、捷運，除此之外，觀光資源也十分充足，不少旅客一下飛機就拖著行李前往饒河夜市逛街、吃小吃，不僅有多家小吃獲米其林美食的榮譽，就連威爾史密斯、休傑克曼都曾來訪。

熱門景點交通方式

- 饒河街觀光夜市－捷運松山站 1 號出口
- 台北小巨蛋－捷運台北小巨蛋站 2 號出口
- 台北松山國際機場－捷運松山機場站 1 號出口

1 牆面掛有畫作，且柱子也繪有藝術總監李善單教授之作品。
2 可坐下點杯飲品配餅乾，細細品味這趟藝術之旅。
3 經營當代藝術，著重具文化內涵、創新觀念、新技法的開發作品。

香華天・新藝境

新潮藝術畫廊

- 台北市松山區敦化北路207號1F-B1
- (02)7706-8868
- 週一13:00～17:00、週二至週三、週五 11:00～20:00（週一13:00開始營業），週四11:00～18:00、週六11:00～21:30
- 捷運中山國中站1號出口，步行10分鐘
- www.gpdeva.com

香華天在2004年就成為第1個美國比佛利山莊的亞洲品牌，在2007年後成立「香華天・新藝境」，將藝術概念帶入空間，加入寶勝畫廊經營，提供充滿視覺、觸覺與心靈的藝術空間，以「藝術豐富生命，享受高品質生活」為主軸。除了與藝術家授權合作手沖掛耳咖啡包、花草茶禮盒等人氣商品，還販售多項由藝術家畫作衍生出的文創精品、珠寶和保養品，位於地下1樓的寶勝畫廊，甚至每月更換畫展主題，不收取門票費，讓遊客免費參觀、欣賞，並推出百元下午茶組合，讓同樣愛好藝術的客人，能盡情欣賞畫作、尋找靈感，坐下歇息、聊天。

饒河街觀光夜市

國際巨星也愛來

台北市松山區饒河街160號
(02)2763-5733
17:00～23:00
捷運松山站5號出口，步行3分鐘

好萊塢巨星休傑克曼、喬瑟夫高登李維，以及眾多韓國藝人都曾來訪的饒河街觀光夜市，是擁有最多米其林推薦攤位的夜市，光是必吃的就有福州世祖胡椒餅、陳董藥燉排骨、東發號蚵仔麵線、紅燒牛肉麵等。不只小吃多樣，還販售不少便宜衣服、飾品、生活用品，就連皮鞋、金飾也買得到，夜市內也有算命、鳥卦，還有大人小孩都愛的夜市遊戲，吃飽喝足後除了還能去夜店，一旁也有專門批發衣服的五分埔，等著大家去挖寶。

1　福州世祖胡椒餅已連續2年獲得必比登推薦，每次都排滿人潮。
2　同樣獲得2次必比登推薦的陳董藥燉排骨，還有古早味瓜仔滷肉飯。
3　饒河街觀光夜市的招牌十分顯目，很有廟口的感覺。

1 多種款式水煙，讓客人自由選擇。
2 除了伊朗紅茶、白紅酒，還有專業調酒師調的多款調酒。
3 多種特色美食只有在這裡才看得到。

1001Nights Taipei 一千零一夜水煙館

全台唯一的中東風格夜店

- 台北市松山區南京東路五段8號2樓
- (02)2765-1122
- 週日至週四21:00～04:00，週五至週六21:00～06:00
- 捷運南京三民站2號出口，步行約5分鐘

（本篇照片提供／1001 Nights Taipei一千零一夜水煙館）

「一千零一夜水煙館」因獨樹一格的中東風格，受到不少關注，被票選為台北前5必去夜店。撇棄夜店一貫會有的音樂風格，聘請拉丁籍DJ運用拉丁、加勒比海風音樂炒熱氣氛，不僅有樂團、歌唱表演，甚至還請了專業舞者表演拉丁風味的森巴、騷莎及鋼管、肚皮舞。除了特色表演，更提供不少中東料理，其中用鷹嘴豆餅為內餡調製的素食沙威瑪，深受素食者喜愛。不定時的主題派對讓人流連忘返，造成話題性的頂級水煙甚至還有多樣款式，讓喜愛的客人一來再來。

1001 Nights Kitchen 一千零一夜廚房

體驗水煙賞肚皮舞

台北市松山區八德路四段618號2樓
(02)2767-1661
17:00～23:00
捷運松山站2號出口，步行約3分鐘

1 炭烤小牛排：使用多種蔬菜，並用伊朗番紅花醃製，直火炭烤而成，肉質軟嫩，小朋友們最愛吃。
2 必點的飲料為優格及伊朗紅茶，伊朗紅茶的茶壺、茶杯都是從伊朗帶回來的，精緻且氣勢非凡。
3 老闆親自示範如何抽水煙，特殊的體驗讓來過的客人都留下深刻回憶。

聘請伊朗籍廚師遠赴來台的「一千零一夜廚房」擁有許多外國忠實顧客，不少細節都讓人留下深刻印象，像是特色的水煙體驗、晚間的肚皮舞表演，甚至是伊朗餐具、桌上的金色玫瑰都能成招牌特色。所有餐點除了都遵循伊斯蘭教義，運用符合清真認證的食材料理，讓穆斯林朋友們能放心大快朵頤外，還使用伊朗原產地進口的香料，原汁原味獨特的中東料理，使菜餚不僅細緻還有層次感，不定時的肚皮舞表演更能增添用餐氣氛，也有獨立包廂供客人體驗特色水煙，除了必點的優格料理，也提供不少素食餐點、古波斯風味波斯菜、燉肉、扁豆、番紅花、開心果，各式肉品在火侯上的控制、香料上的提味都十分用心，每樣都能是招牌菜。

1

2

3

（本篇照片提供／ 1001 Nights Kitchen 一千零一夜廚房）

1 菜單上只有綜合握壽司，若是和我一樣想點整份鮭魚握壽司，可在點餐時特別告知店員。
2 店面寬敞分為室內、吧檯、室外座位。
3 日式風擺設，特別有氛圍。
4 有多種新鮮生魚片供選擇。

躼腳日式料理

高人氣鮭魚握壽司

- 台北市松山區民權東路三段107號
- (02)2545-4699
- 週二至週日11:30～14:30、17:00～21:00，週一公休
- 捷運中山國中站出口，步行5分鐘

在地人必堆的日式料理，絕非這家莫屬，營業好幾年依舊每天都有滿滿人潮，同時也是不少中山國中畢業生們的回憶，最便宜的生魚丼飯單點150元有找，平價又美味，除了菜單上的餐點，在黑板上也會寫上每天新鮮限量漁獲。除了便宜的生魚丼，他們家的鮭魚握壽司，油花均勻、新鮮冰涼，生魚片也以厚聞名，若是不太愛吃生食，也提供多種類的熟食，最多長輩們愛點的現烤鮮魚，也根據季節變化作調整，因位於松山機場附近，有不少外國旅客會直接拖行李箱前來用餐，就連日本人都愛。

1 吧檯上面有用顏色區別的插圖，每種餐點都有自己設計的插畫。
2 便當及飲料都貼有巨嘴鳥logo貼紙，配上熱帶水果口味的可爾必思蘇打，超有熱帶氛圍。
3 坐在吊床上，瞬間就像來到沙灘，悠閒的氛圍讓人忍不住放鬆起來。
4 每份餐盒都附有夏威夷餐盒中常見的招牌菜，通心粉沙拉、和風沙拉、新鮮切片鳳梨、超可愛太陽蛋，色彩鮮明，讓人食慾大增。

偷口夏威夷餐盒 Toco Plate Lunch

藏身於巷弄的異國風情

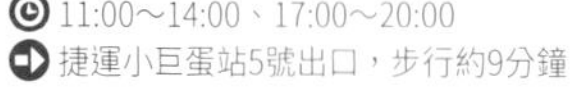

- 台北市松山區民生東路四段80巷1弄2號
- (02) 2719-8955
- 11:00～14:00、17:00～20:00
- 捷運小巨蛋站5號出口，步行約9分鐘

而提到歐胡島北海岸的招牌，除了有沙灘上曬太陽的烏龜，還有人氣滿滿的蝦餐車，沒想到現在在台北，也能吃到道地的蝦餐盒！偷口夏威夷餐盒藏身於松山區小公園旁，店面設計採用渡假慵懶的熱帶風格，不僅有吊床，就連吧台、牆壁也都具有熱帶風情氛圍，為了要還原餐車的感覺，廚房採開放式，餐點也都現點現做，以夏威夷外帶「餐盒」為發想，除了主打夏威夷蝦，身為日本人的老闆也將日式火烤叉燒融入餐盒，甚至將各國特色料理做結合，如韓國最引以為傲的韓式牛肉、新加坡必吃的叻沙雞腿排、中華日式薑燒豬肉，在這裡通通吃得到！

若想來趟「假出國之旅」，這裡絕對是不錯的選擇，輕鬆、自在且美味，處處是特色。

Chapter 3 東區

新奇與傳統的火花碰撞

許多外國旅客以為東區是台北東側，但事實上，東區是一塊商圈，從大安區北側涵蓋至信義大安交界處的國父紀念館。東區看似莊嚴、傳統，實際上卻有超大的反轉魅力，從忠孝東路四段開始，不但有許多百貨公司進駐，更有很多年輕人創業開餐廳，除了居酒屋街、茶街，也有「潮牌一級戰區」之稱，許多藝人都選在這裡開店，體驗最新潮的台北，來這準沒錯！

熱門景點交通方式

- ZARA 台北統領店－捷運忠孝敦化站 2 號出口
- 國立國父紀念館－捷運國父紀念館站 4 號出口
- SOGO 百貨台北復興館 & 忠孝館－捷運忠孝復興站 2 號出口

1 螢光蠟筆可畫在臉上、手上，自由做造型上的設計。
2 坐在機器裡與朋友互動式的VR最受歡迎。
3 調酒根據是否戀愛、當日心情專屬設計，也有酒單供選擇。

TripMoment VR 時刻旅行樂園

享受夢幻時光

台北市大安區忠孝東路四段67號1樓
(02)2731-9222
週二至週四18:00～23:00，週五18:00～24:00，週六至週日14:00～24:00，週一公休
捷運「忠孝復興站」東區地下街14號出口，步行1分鐘

現在科技愈來愈發達，就連業者也絞盡腦汁留住顧客，每推出一場活動，就需別於其他競爭業者、給遊客們一個願意前來的理由。一直以來都以創意聞名的「TripMoment VR時刻旅行樂園」總是推出不同風格的體驗活動，結合高科技VR和設定的故事情節、氛圍，以寄送邀請函的方式邀請客人前來體驗，其中屬「情境式餐酒體驗—微醺大酒店」主題最受歡迎，每一位工作人員都擁有一個角色，帶動客人闖關VR互動遊戲、參與各個活動，搭配調酒、餐點，讓客人沉浸於此忘卻外面的煩惱。以下圖片均為「情境式餐酒體驗—微醺大酒店」主題的體驗照片，每場活動都會有不同的體驗設計、內容。

房間餐酒
The Room Bistro

全國首創情趣用品餐酒館

台北市敦化南路一段160巷56號
(02)2773-1665
週日至週四17:30～01:00，週五至週六17:30～02:00
「忠孝復興站」東區地下街14號出口，步行5分鐘

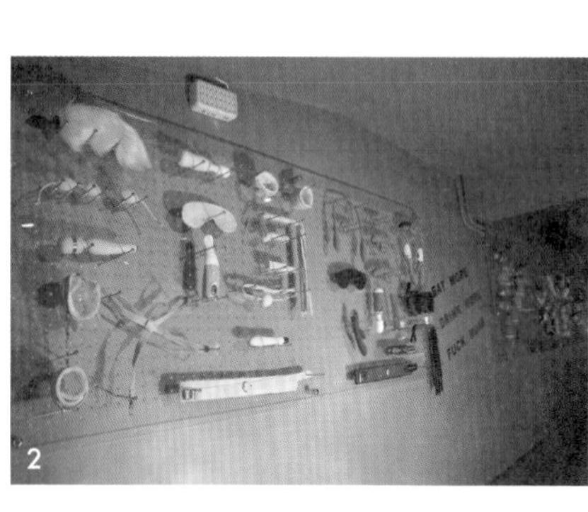

1 床上的玩具都能讓客人拿起來拍照。
2 排列整齊兼具設計感的情趣用品，高級時尚又充滿趣味。
3 酒池肉林：滷汁裡融入異國香料，調配出15國不同風味的醬料搭配滷味。
4 「烘烘烈烈西班牙烘蛋」、「剪不斷你還亂沙茶酥炸魷魚」、「檸檬炭香炸欺愛情雞腿塊」都很適合一起分食。

「今晚有空跟我去趟房間嗎？」不知道到底要不要答應的朋友們先別想歪，「房間」這詞現在有了新定義，可以是臥室也能是結合情趣用品的餐酒館。誰說失戀就要長達好久才能認識新對象？每一個人都是最美的鑽石，獨一無二，從來就沒有誰配不上誰，只有適合不適合的問題，想要走出失戀最快的方法就是走出來並參加一場快樂派對，並展現最真實的自己。

這世界從來沒有絕對的既定觀念，如同失戀沒有一定的時間長短，「情趣用品」也不用偷偷買偷偷研究，來到「房間」，情趣用品就是藝術品。打開房門後，高達上百種兼具設計感的情趣用品映入眼簾，位於正中央的床不但有2個人偶在歡愉，床上還擺

滿SM玩具以供拍照，如果想上廁所，牆邊也掛了不少結合插畫與情趣用品的圖畫，在這空間裡，人人皆能光明正大的解放自我。

不只店內設計滿分，就連菜單同樣新穎有創意，對於每項餐點都賦予生命，像是拍攝模特兒般，每個品項都有故事性的名字，就連布景也都藏著小驚喜。菜色色香味俱全，由擁有16年以上餐飲經驗並具有日、義、法等6國多元料理經驗的團隊領軍，大膽將台式滷味與15國做結合，並創造近30款以啤酒為基調結合新鮮水果的創意調酒。另外「房間」也有8款特製啤酒，透過酒標傳遞專屬房間的私密話語，讓人充滿遐想的情趣佳釀。來到東區不妨來這走走，點杯「在台北某個天台獻上我的膝蓋」調酒再配份「酒池肉林」除了與朋友們聚會，還能一起為慾望舉杯狂歡！

NATURAL KITCHEN 忠孝店

日式高質感生活雜貨

台北市大安區復興南路一段107巷5弄12號1樓
(02)8773-8498
週日至週四11:00～20:00，週五至週六11:00～21:00
捷運忠孝復興站5號出口，步行4分鐘

喜歡買餐具的人，若經過一定要進去採購一番，尤其是它們家的桌布，在其它賣場一款就要120元左右，但這裡50元就有2～4款供選擇，很漂亮、好用，除了便宜多樣化的桌布，也有許多生活小雜貨。店家布置也十分窩心，很有日本生活雜貨小舖的風格，每月也都有季節性的新品，有不少琺瑯、洋槐木、木製材質、編織材質、TSUBAME燕系列商品，除了廚房用品還有許多居家雜貨、衛浴用品等大家來挖寶。

1　許多餐具任君挑選，就連禮物包裝也都有多種選擇。
2　結帳的地方超有氛圍，不少打折的小物都放在這邊，很容易錢包失血。
3　走日式質感風格，除了小盆栽，也有不少乾燥花。

1 餐點類型多樣，是東區超人氣特色餐廳。
2 坐在沙發上吃串燒，讓人印象深刻。
3 北歐風格沙發座位區，就是要讓大家優雅吃串燒。

串稻串烤 光復店

中日合併迸出新滋味

台北市大安區光復南路290巷41號
(02)2711-2800
週二至週五11:30～14:30、17:00～23:00，週六至週日12:00～14:30、17:00～23:00（週五至週六延長至24:00），週一公休
捷運國父紀念館站2號出口，步行3分鐘

原為人氣餐廳「Maison家／餐酒館」的前身，由同為老闆繼續經營，保有原店北歐風格的沙發和渲染水彩氛圍的牆壁，並加盟大稻埕高人氣串烤餐廳「串稻」。不僅還原超美味的明太子鮮蝦麵，還完美融合串稻廚師於日本進修研發出特製醬料，將台日風格串燒發揮極致，是唯一一家北歐風格的日台式串燒燒烤店。擁有多道招牌菜，其中培根番茄捲、鹹豬肉條、鹽烤松阪豬肉、天使紅蝦、日式生蠔、鹽烤無骨牛小排、雞胸軟骨最受歡迎，另外餐廳內也販售多種熱炒、精釀啤酒、爐烤排餐。

花生俱樂部 Peanut Club

五星級的創意調酒

台北市大安區大安路一段19巷16號
(02)2775-2525
週日至週四14:00～02:00，週五至週六14:00～03:00
捷運「忠孝復興站」東區地下街14號出口，步行5分鐘

1 一口咬下去整隻蝦都在嘴裡，配上萊姆酸奶醬超對味。
2 「生日快樂」喝起來就像草莓蛋糕，上層是起司奶油。
3 創意調酒配美食，超享受。
4 多種用心研發的創意料理。

我很喜歡慶生來這點杯「生日快樂」，誰說這年頭慶生只有蛋糕適合點上蠟燭，調酒上的仙女棒更讓人覺得閃爍，失戀別再關在家裡，來到花生俱樂部，不僅能在沙發上看電影配賞月，還能與朋友狂歡吃美食配調酒。這絕對是家用「心」經營的餐酒館，花生俱樂部跟其他餐酒館不同的地方，除了有多款自創特色調酒，還有許多用心研發的料理，光是沙拉就獨

一無二引起話題，招牌「熱帶水果醬手撕雞沙拉」使用自製熱帶水果蜂蜜芥末醬，搭配自製台式風味去骨雞腿肉，吃起來爽口健康無負擔，放上滿滿堅果份量十足。在花生俱樂部，每一樣餐點、調酒樣樣都是招牌，店內調酒師各個身懷絕技創作出許多調酒，背後都有滿滿的故事，使它們成為獨一無二無法替代的創意調酒，喝起來超有氛圍。不只是調酒、餐點，就連咖啡跟甜品也深受喜愛，尤其是日本柚子、桂花配上紫蘇琴酒的「柚」及使用古典西式茶作為盛裝容器，散發淡雅茶香，由清甜的杏桃搭配著微酸的接骨木花與佛手柑的「茶湯卉」。倘若你想凌晨來份甜點配咖啡或是下午心情不好喝杯調酒，花生俱樂部絕對能滿足你的需求。

柑橘 Shinn-soba

清爽感的大人氣拉麵

台北市大安區仁愛路四段228-6號
(02)2755-6705
11:30～14:00、17:00～20:30
捷運忠孝敦化站3號出口，步行8分鐘

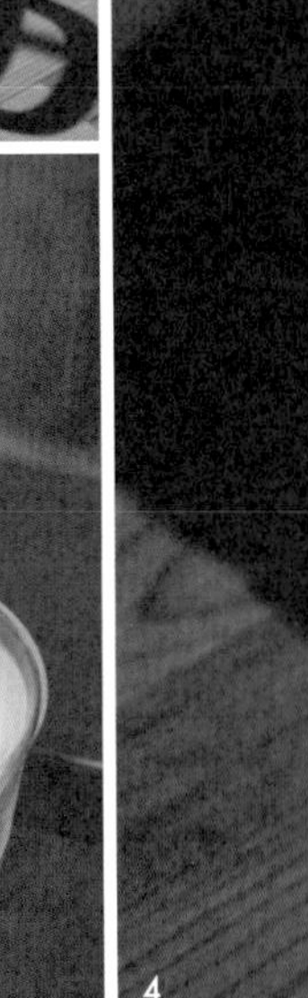

1 濃濃日本風格的店面，每當營業時間就會湧入排隊人潮。
2 日式咖哩東京乾拉麵：咖哩味十足帶點辣，口感帶有豐富層次。
3 招牌飲料「柑橘氣泡／可爾必思」不僅解膩還清爽。
4 雞白湯柑橘蛤蜊拉麵帶點酸甜，配上蛤蜊及雞豬叉燒超清爽。

這是我吃過唯一排隊2小時也甘願的拉麵。光是主打柑橘系列拉麵、日式油麵（拌麵）就具滿滿特色，叉燒也分了豬、雞2種口味，雞叉燒會放在湯裡，豬叉燒則會放在碗邊上，肉食主義者的客人甚至會加點豬叉燒將拉麵圍成一圈，在視覺上不僅吸睛還很壯觀。除了拉麵品項都有柑橘兩字外，有些餐點甚至會特別註明「推／雷」字樣，推為推薦之

意，雷字則代表獨創、特別。階梯式的菜單，讓客人從基本的「拉麵、油麵」到「大眾口味、不怕踩雷」，再從「果香＋海味、單純果香、傳統日式濃鹹油、果香＋雞湯＋醬油」4種描述中，根據自己的喜好來推斷出適合品嘗的拉麵，讓每位客人都直呼親切、用心。

而主打之一的「雞白湯柑橘蛤蜊」雞白湯湯底，加上柑橘、檸檬後帶點酸甜，配上蛤蜊及雞豬叉燒超清爽、「濃厚柑橘蛤蜊」濃厚雞湯帶微微的蛤蜊鮮味並襯托出新鮮的柑橘香氣，是饕客們的最愛，也因這碗麵而讓「柑橘」爆紅。

除了一店爆紅外，二店同樣也有高人氣，不僅拉麵以鴨為湯頭，就連叉燒部分都有鴨、豬2種，並擁有淡麗、泡系及乾拉麵3類餐點，同樣值得品嘗！

Toast Chat

與貓咪共享的下午茶時光

- 台北市大安區光復南路290巷58號1樓
- (02)2721-5661
- 12:00～22:00
- 捷運國父紀念館站2號出口，步行3分鐘
- 為了防止被貓咪傷，禁止12歲以下的小朋友進入

最喜歡貓咪的貓奴們，絕對不能錯過這家早午餐，店裡藏著5隻超可愛萌貓，分別叫阿男、半甲、薇兒、黑比、麥麥。店家不會限制用餐時間，下午會定時餵貓咪吃飯，每當這時客人們就會準備好手中的相機，捕捉5隻貓貓同時吃飯的可愛模樣。除了超會撒嬌的貓咪們，店內也販售許多文創周邊商品和不少二手服飾讓大家挖寶。整間店採懷舊復古風，讓人有種回家的感覺，主打餐點是平民美食「法式吐司」，口味有超多種變化，有焦糖蘋果、紅茶等創意口味。販售的早午餐也都超大份，建議胃口較小的朋友們可以一起分食，光是配菜就足以填飽一個人的肚子，還贈送烏龍茶或紅茶，其中水波蛋、焗烤吐司系列最受歡迎，不怕吃不飽，只怕你吃不完！

1　焦糖蘋果法式吐司：蘋果烤得焦香，是人氣餐點。
2　5隻貓咪都超級活潑可愛。
3　「燻雞焗吐司」&「洋蔥勳鮭水波蛋」。

1 人氣必吃餐點大集合，從水果碗到鬆餅統統有。
2 令人精力充沛、抗氧化的健康巴西莓。
3 比利倍力巴西莓果碗：多種健康水果一次吃到。

AMAVIE 巴西莓

全台唯一巴西莓專賣店

台北市大安區復興南路一段107巷5弄15號
(02)2721-8387
11:00～21:00，週一公休
捷運忠孝復興站4號出口，步行5分鐘

身為「AMAVIE」品牌視覺代表的托哥大嘴鳥，不只是亞馬遜幸運鳥，還是出名的巴西莓愛好者。在巴西，巴西莓被尊奉為上帝之果，有抗氧化的功能。從小吃巴西莓長大的老闆Carlos與熱愛吃巴西莓的太太Kimi相愛結婚後，決定一起將巴西莓帶回台灣，開了巴西莓專賣店。招牌「巴西莓果碗」、「巴西莓果杯」使用每天現打的新鮮巴西莓果泥搭配多種新鮮水果、綜合堅果及擁有大量營養素熱量卻超低的健康奇亞籽和無糖優格，是健身及瘦身的朋友們最愛的餐點。「超級飲品」系列像綜合水果汁，喝下去精力充沛，成為美好一天的開章序。

1 祖傳烤甕缸雞：數十種中藥古法淹漬。
2 清蒸干貝蟹肉：如五星級飯店擺盤，一口咬下料滿飽足。
3 XO醬中卷：味道濃郁很下飯，一上桌就秒殺。

一吃上癮甕缸雞

祖傳古法醃漬好味道

台北市松山區市民大道四段211號
(02)2577-6158
週二至週五17:00～01:00，週六至週日12:00～14:30、17:00～01:00，週一公休
交通 捷運忠孝敦化站2號出口，步行7分鐘

講到甕缸雞，大家就會直接聯想到宜蘭礁溪，那邊除了溫泉就屬甕缸雞最有名，總能吸引許多外地旅客前來旅遊。不過我直到遇見這家店，才真正的愛上這道美食。不僅環境高級，推翻我對甕缸雞餐廳既有的印象，餐點也很多樣，擁有多道招牌菜，就連薑母雞、清蒸干貝蟹肉、XO醬中卷都有。祖傳烤甕缸雞不像其他專賣店一天幾百隻在賣，每日限量30隻，而且處理得非常好，Q彈鮮嫩、肉汁飽滿，料理入味，不需任何佐料就很完美。採用正宗放山古早雞祖傳古法淹漬，烤雞溫度高達300℃以上，平常飼養就在餵天然健康的玉米黃豆，所以肉質健康膠質豐富，是北部朋友吃宵夜的好選擇。

雨田先生手沖飲品吧

柴犬部長來報到 創意手沖飲品掀話題

台北市大安區忠孝東路4段223巷69號
週日至週一12:00～19:00，週二至週六12:00～21:00
捷運忠孝敦化2號出口，步行5分鐘

超卡哇依萌萌柴犬大軍來了，喜歡柴犬的奴才們還不手刀購買！「雨田先生手沖飲品吧」以趣味辦公室風格席捲東區，仔細一看店內環境像極辦公室茶水間，就連柴犬也有職位之分，有部長、職員、實習生等職位，全都隸屬「公共事務暨行銷企劃部團隊」的一員。手工棉花糖除了有赤柴、黑柴、粉紅柴及白柴4種柴犬，還有巴哥及不同主題的手工餅乾，因應各個節慶不同年份會有不同款式。除了柴犬系列的各式飲品，凡爾賽玫瑰系列也深得人心，漂亮的玫瑰造型蛋白霜讓女孩子們一眼愛上。除了造型飲料還有「日常的一杯」系列飲品，皆使用嚴選食材且堅持現泡，每日限量，賣完就沒有嘍！

1 無論哪種造型的狗狗都超卡哇伊！
2 凡爾賽玫瑰牛奶：使用鮮奶及法國玫瑰糖漿，加上紅龍果汁調出。
3 春爛漫粉紅抹茶牛奶、春爛漫部長鮮奶茶、手沖咖啡拿鐵都是招牌。

Sugar Miss

大理石淋面蛋糕超典雅

台北市光復南路290巷4號1樓
(02)2771-5320
12:00～20:00
捷運國父紀念館2號出口，步行3分鐘

Sugar Miss由一位愛小孩的暖心爸爸所創辦，秉持給小孩最好的信念，採用天然食材，製作過程不添加人工香料和防腐劑，每一口都能感覺到真材實料與滿滿的幸福感。千層蛋糕層層堆疊、入口即化，只有0.1～0.3cm厚度的蛋皮，不輸給日本、法國甜點，大理石的紋路看似隨性卻典雅，吃起來綿密、滑順，完全不油膩。隨著「豆腐岩戚風蛋糕」的推出，人潮更是絡繹不絕，每天座無虛席，每一口蛋糕從裡到外都很完美，選用牧場蛋，做出的戚風蛋糕軟綿濕潤。

1 店面環境明亮，就連招牌都有大理石的風格。
2 黑糖珍珠阿薩姆奶茶蛋糕：香濃的奶茶醬配上滿滿珍珠。
3 豆腐岩、千層系列蛋糕及新推出的大理石乳酪蛋糕，每款都超人氣。

1 全手工製作的甜點出名好吃，不少客人離場時都會詢問能否另外訂製。
2 每晚7點～9點有浪漫的鋼琴演奏。
3 除了軟嫩美國腓脷米濃牛排，還有其他高達20幾種的主餐。

沾美西餐廳

體驗老台北的西式情調

台北市大安區仁愛路四段77號B1
(02)2711-7750
11:30～15:00、17:30～22:30
捷運忠孝敦化站6號出口，步行8分鐘

每個人都有心目中最印象深刻的約會，而現實生活中，這樣羅曼蒂克劇情也是會發生的，像我就如此，在24歲生日時與另一半在沾美度過，徹底改變我對台灣西餐廳框架的認知，從一入餐廳開始就像在拍電影，有點好的蠟燭、喝不完的餐前調酒、吃到飽沙拉、像宴會般浮誇的甜點擺盤，當然還有我最愛吃的美國腓脷米濃牛排、暖胃的洋蔥湯、手工麵包，入座不久便有鋼琴現場演奏，從古典音樂到大家耳熟能詳的迪士尼音樂，整間店暖色系風格，掛了不少畫作，地板鋪上歐式貴氣地毯，在用餐完畢後，甚至還有生日驚喜手工蛋糕，4吋蛋糕插上蠟燭，搭配鋼琴手彈奏的生日快樂歌，無非是最暖心的生日。

東方富御精緻料理

大方又貴氣的宴客首選餐廳

台北市大安區仁愛路四段25號B1
(02) 8773-3222
11:30～14:00、17:30～21:30
捷運忠孝復興站3號出口，步行5分鐘

（本篇照片提供／東方富御精緻料理）

1 四川重慶魚：麻中帶勁肉質軟嫩，獨特香氣讓人食指大動。
2 主視覺重於色彩、光影並擁有強烈巴洛克建築風格。
3 活魚綜合赤身：選自當季新鮮活海鮮，為尊榮席桌中的料理。
4 澎湃創新的饗宴，搭配視覺系桌邊秀，道道都經典。

應酬請客除了讓對方感受到滿滿誠意、重視，最重要的就是作東之人面上有光，給人大器有禮的印象，藉此加深彼此信任。掌握對方喜好並找家有酒單的餐廳是基本禮儀，若是面對多人聚會，最好還有獨立包廂，比起步調較慢的歐式料理，選擇氣氛較輕鬆的桌菜，無疑在時間掌握、自由縮放上較有彈性空間。

此時顛覆桌菜既定印象，結合浮誇系餐點、主廚獨創桌邊秀的東方富御精緻料理無疑是最棒選

擇，匯集清淡鮮醇台菜、滑香嫩爽的粵菜、麻辣川湘菜精華，讓這些傳統揉合轉化成為現代東方精緻料理。不僅如此，還選用台灣在地食材、小農栽種的蔬菜，店內更有水族箱提供台灣沿海當季活海鮮，烹調跳脫傳統餐廳，標榜「以古早味、家鄉味創作出西式台菜」，從巧心小菜到饗饕大餐應有盡有，像是特選仿土雞，浸泡在獨家調香料內4小時，再以熱水淋燙，使雞皮緊繃，吊掛風乾6小時以上的「皇袍片皮鴨」。

店家在環境布置上也很用心，歐式用餐空間結合時尚及人文設計，強調藝術與美感、光影雕塑性的結合，搭配出自在、知性、感性的用餐環境，難怪開店不久後就受到各領域名人關注，總有預約不完的宴席。

竹苑 shabu

食材最新鮮澎湃的高檔火鍋

- 台北市大安區大安路一段31巷31號
- (02) 2771-3377
- 週一至週五17:30～24:00，週六至週日11:00～14:30、17:30～24:00
- 捷運忠孝復興站4號出口，步行6分鐘

1 海鮮包含阿根廷天使紅蝦、藍鑽蝦、牛奶貝、活真鮑魚等高級食材。
2 店面走日式風格，不僅有竹子做裝飾就連桌椅、牆面都很有質感。
3 除了火鍋也有海膽蓋飯、鰻魚飯等高級日式餐點，其中鴨肝干貝還放了許金箔做裝飾，讓人捨不得吃。
4 美國prime穀飼去骨牛小排擺成玫瑰花的模樣讓人忍不住多拍幾張。

主打新鮮現流水產、依據當季海鮮搭配應景食材的「竹苑shabu」被譽為「全台最高質感火鍋」，不僅廚房有超大水族箱，活海鮮種類從牛奶貝、活鮑魚、螃蟹到龍蝦應有盡有，就連師傅也是多年的釣客，對於水產的處理、料理方式都十分熟悉，甚至湯底也是採用純天然雞湯與竹蔗為主要基底，並加入日本干貝及多種當令鮮果，細火慢熬而製成，讓不少來過的客人都直誇像在日本高級水產店吃火鍋。

除了有客製化鍋物供客人做選擇，依照客人的需求搭配最新鮮的台灣、日本海鮮外，套餐前菜更有季節刺生盤、燉豬上排供選擇，還能單點鴨肝干貝、海膽蓋飯、鰻魚飯，就連單點肉品的選擇也超多，從澳洲M9+和牛翼板、日本A5+熊本紐約客、美國prime穀飼沙朗牛一直到限量當日直送溫體牛等10種肉品，種類齊全又豐富。

若想跟我一樣收到滿滿驚喜感，建議提前3～2天預訂主廚客製化套餐，在當天用餐時絕對會有意想不到的驚喜食材，像是我點的套餐裡，就有重達4斤的一整條新鮮直送的真烏舫，還有高達8種的當季海鮮及美國prime穀飼去骨牛小排、西班牙伊比利豬無論應酬、慶生或自己享用都是最棒的選擇。

一號糧倉 No.1 Food THEATER

食物產地和餐桌的緊密結合

台北市松山區八德路二段346巷3弄2號
(02)2775-1689
週二至週日11:30～14:30、18:00～22:00，週一公休
捷運忠孝復興站5號出口，步行9分鐘

家庭聚餐需要兼顧每個人的味蕾，最好是多種口味兼顧、菜色多樣，還能讓長輩們吃得安心、健康。賦有歷史意義、重新詮釋台灣飲食美學的一號糧倉為日據時代第一座糧倉，探求食物的本味、講究食材，這裡光是一碗經典牛肉麵就有3款，分別使用台灣牛、澳洲和牛牛頰肉及帶骨牛小排，附上一整桶用心慢熬的黃金湯頭，是老饕們的最愛。擅長使用台灣在地食材並加以運用的一號糧倉，在擺盤上也發揮大膽創意，蟬聯2年台灣米其林的必比登，除了牛肉麵，還有聖誕節最適合吃的爐烤桂丁全雞、池上冠軍米海鮮燉飯及法式油封鴨腿、夏威夷生魚飯，樓下還有「樂埔滙農」提供許多農作物、蔬果、冠軍米，適合每位大人小孩前來用餐。

1　夏威夷生魚飯清爽美味、色彩繽紛，醃製過的鮮魚配柚子醋超開胃。
2　牛肉麵的湯用桶子裝，浮誇又趣味。

3

喜荒、愛、不仍

老宿改造的健康麵包店

台北市松山區八德路二段346巷3弄2號
(02)2721-1689
週二至週日11:00～21:00，週一公休
捷運忠孝復興站5號出口，步行9分鐘

結合冠軍麵包師傅的手藝以及台灣冠軍米、當季冠軍物產，融合在地風土獨創好滋味，由老宿舍變身散發麵包香氣的可愛空間，於一號糧倉隔壁的喜荒、愛、不仍有著超高人氣，一開門就被一掃而空，麵包外型亮麗又美味，剛出爐時香氣滿溢，開門的瞬間就能聞到，吉祥物為超可愛喜荒喵和女孩，大人小孩都喜歡。

1 簡單可愛的店面，是女孩們最愛的打卡點之一。
2 天然奶油製成的熊熊，有著菠蘿香酥外皮，搭配內餡巧克力香濃飽滿。

Chapter 4

萬華區

動漫迷的寶藏基地 觀光客來台必訪

舊時台灣最繁榮的 3 大地帶，「一府二鹿三艋舺」，其中艋舺正是現在的萬華區，如今萬華最繁榮的，當屬西門町商圈，除了平價電影院和模型店，甚至專門販售及代理動漫周邊的雜誌瘋和安利美特；美食方面，滿街的道地火鍋和台式小吃及老字號的日式料理也是一大特色；到了夜晚，可以到西門紅樓泡酒吧，看演出，或到華西街夜市喝碗蛇湯，感受最道地的台式風情。

熱門景點交通方式

▪ 華西街夜市—捷運龍山寺站 1 號出口 ▪ 西門町商圈—捷運西門站 6 號出口 ▪ 安利美特台北店—捷運西門站 5 號出口

彩虹 TAIPEI

6色彩虹，愛最大

6色彩虹地景象徵多元、活出自我。

位於捷運西門站6號出口，寫著大大「TAIPEI」字樣的6色彩虹地景，是西門町最新的熱門打卡地點。象徵著力量、希望、自然、自由、藝術，有勇往直前、活出自我、多元、自然等意義。是亞洲第一個合法化同性婚姻的象徵，也代表台灣在性別平等、平權上的進步與發展，除了每天都吸引不少人潮觀望，還有很多外國旅客特地前來拍照。

24小時
捷運西門站6號出口，步行1分鐘

西門紅樓 &16 工房

古蹟的華麗大變身

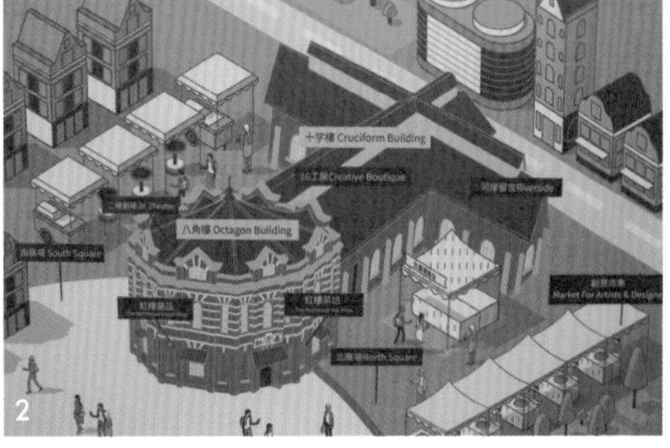

身為三級古蹟的百歲建築，始終有著承載前衛、摩登、新式等多樣的豐饒意象，每當假日就會有文創市集讓大家挖寶。紅樓茶坊也有賣台灣茶飲、咖啡更有不定期的主題展覽，是外國旅客的最愛，四周也有同志酒吧、餐廳高掛彩虹旗，傳承新一代的理念創新多樣。還有多間文創品牌進駐的16工房，重新聚集台灣文創品牌豐富的創作能量，並不定時推出主題商品，在這新舊融合的獨特空間中以更多元的方式呈現。

1 三級古蹟的紅樓並沒有隨著時間而老去，反倒愈活愈年輕。
2 紅樓內有地圖，還有多國語言介紹的簡介，也可預約導覽。

台北市萬華區成都路10號
(02)2311-9380#28
週二至週日11:00～21:30，週五至週六延長至22:00，週一公休
捷運西門站1號出口，步行1分鐘

西門町壁畫街

美式街頭壁畫藝術

- 台北市萬華區昆明街96巷、武昌街二段120巷、武昌街二段91巷
- 24小時
- 捷運西門站6號出口，步行6分鐘

西門町壁畫街範圍很廣，從有美國街之稱的昆明街96巷開始，有許多美式風格嘻哈、搖滾的店家，還有許多特色理髮店，甚至是強烈風格的衣服，是大家必逛必拍必打卡的景點。街道上的地板畫上大大美國國旗，整條街跟建築都有滿滿壁畫，延伸至台北電影主題公園、塗鴉牆，是年輕人的聚集地。這裡的壁畫走美國街頭風格，不定時更改，依據最新的話題趨勢而繪製，色彩鮮豔，走大膽狂野的風格，像是電影《小丑》、NBA湖人隊巨星Kobe都被畫在壁畫中。

1 梯子也被噴漆，成了藝術的一環。
2 賣座電影《小丑》，吸引不少影迷特地前來拍照。
3 為了紀念NBA湖人隊巨星Kobe而畫的巨作。

1 萬年館只要10人以上就能指定使用，享受「包場」的樂趣。

2 成都館家庭式兩排包廂空間超大，直接躺著看也沒問題。

3 U2的吉祥物U兔，大人小孩都喜歡！館內裝潢別有用心，此為成都館裝潢。

U2 電影館

包廂式電影院文化

U2 萬年館

- 台北市西寧南路70號9樓（萬年大樓9樓）
- (02)2381-0760
- 24小時、全年無休
- 捷運西門站6號出口，步行6分鐘

U2 成都館

- 台北市成都路68號2～3樓（國賓戲院旁）
- (02)2381-8300
- 24小時、全年無休
- 捷運西門站6號出口，步行5分鐘

除了去高級影院享受，還可以自己花小錢「包場」看電影，這間位於西門町的U2電影院，於1986年成立，放映的雖不是最新上市的電影，但是卻有豐富的片藏，選擇比電影院還多，還設有個人包廂，給予消費者獨立的大空間及超大投影機螢幕。不同於電影院般的需要大排長龍排隊買票，也沒有前後左右吃東西吵雜的聲音，只有三五好友共襄盛舉，除了有超美味熱騰騰食物能讓你飽餐，還使用高科技平板電腦選片，以及擁有音效上的高標杜比音場處理。

西本願寺

一窺日本真宗的堂奧

台北市萬華區中華路一段174號～176號
(02)2311-3093
24小時
捷運西門站3號出口，步行3分鐘

西本願寺台灣別院是日本真宗本願寺派於台灣所設的分院，在建築上很有日式風格，附近還有西門商圈、艋舺商圈，許多旅客前來會連同西本願寺一起參觀。西本願寺多數主要建築源自日本佛教18、19世紀常出現的折衷式樣，像是本堂、御廟所、庫裡、鐘樓基本上都屬此樣式。古樸的鐘樓最受歡迎，另外還有採用磚結構與西式木屋架組合的懷舊樹心會館，以及維持日本傳統住宅型式的輪番所，當然還有低調的本堂歷史建築同樣讓人印象深刻，雖在2005年發生大火，但在2011年已正式修復完畢。

1 要前往鐘樓需走小山坡上去。
2 在都市中因日式建築的樣貌，吸引許多民眾、遊客特地前來拍照參觀。
3 鐘樓原為1923年建立，遇大火後現雖已修復，但鐘已改用仿製品。

1 刺青街的店家都有政府合法營業證，不只能刺在身上，還能將刺青圖案貼在機車上，同時也提供各種客製化服務。
2 手機街以獅子林為最大販售區。
3 美妝街除了最新熱門便宜的台灣日本藥妝外，也有許多韓國保養品、多國平價彩妝、醫美品牌、營養保健食品、休閒零食等。

西門商圈

年輕人必訪聖地

捷運西門站6號出口，步行1分鐘
(02)2375-3096（捷運西門站旅遊服務中心）
依店家營業時間而定

西門商圈有許多特色街道，有萬年大樓可以買模型、二手包，也有秀泰影城樓上的大魯閣可以玩電子遊戲、打棒球。位於漢中街的美妝街，有許多的化妝品店，常有下殺3折、買1送1等活動，讓外國旅客買的不亦樂乎。藏身在漢中街50巷的刺青街，除了刺青也有紋身、打耳洞等專業店家。手機街於西寧南路上，有許多電信、販賣手機周邊的店家。還有整條的電影街及不少美食店家、小吃、服飾、包包店。同時西門商圈也有超多轉蛋、夾娃娃機和電子遊樂場，因此也有「台版秋葉原」的封號；走在街上也時常會看到街頭藝人表演，是年輕人最常逛的商圈之一。

剝皮寮歷史街區

電影欽定拍攝地

台北市萬華區康定路173巷
(02)2302-3199
街區09:00～21:00，室內09:00～18:00，週一公休
捷運龍山寺站3號出口，步行3分鐘

延續著百餘年前清代街道的風貌，穿梭在萬華區的老舊巷弄的剝皮寮歷史街區，是許多電影的拍攝地，走進街道彷彿走入歷史，包含路邊的海報、標語、招牌都很傳統，依然延續著百餘年前清代街道的風貌。紅色的磚牆、拱形的騎樓、雕花的窗櫺、牆上的塗鴉彩繪，呈現典雅樸實之美。街區內保存有相當完整的清代街型、清代傳統店屋，其建築空間見證了艋舺市街的發展，擁有獨特之歷史文化和建築特色，不少遊客來此都會穿上復古風的衣服，穿梭在街道拍照。

1 剝皮寮歷史街區承載許多回憶為台北發源地。
2 演藝廳也有免費的布袋戲、歌仔戲節目供民眾觀賞。
3 剝皮寮聚落橫跨3朝，混合不同時期的建築風格。

1 全台第1座觀光夜市入口處，具有歷史意義的華西街觀光夜市。

2 榮登米其林必比登推薦美食。

3 蛇肉湯是早期華西街最大特色，開店已達55年以上，勇者不妨來嘗試看看。

華西街觀光夜市

最道地的台灣味

台北市萬華區華西街
(02)2388-1818
16:00～00:00
捷運龍山寺站1號出口，步行5分鐘

華西街觀光夜市位於龍山寺附近，是台灣第 1 座觀光夜市，以販賣各式山產海鮮野味小吃為大宗，是國內外觀光客最鐘愛的景點之一，跟艋舺夜市、廣州夜市接在一起，附近還有賣衣服、包包的西昌街夜市以及梧州街夜市。入口處為中國傳統牌樓建築，具有東方風格，沿途掛滿紅色宮燈，極具特色，兩旁店家皆為老字號，口碑與品質兼顧。連高級餐廳也有據點，像是廣受日本觀光客青睞的臺南擔仔麵1店，就是在這裡發跡，還有米其林必比登小吃小王煮瓜，超受歡迎消暑聖品北港甜湯，同時也有許多特色傳統店家，像是賣蛇肉的金代山產藥膳坊、亞洲鱉店及特色挽面點痣、台式按摩店。

1 屋頂的脊帶和飛簷以龍鳳、麒麟等吉祥物呈現，飾以剪黏和交趾陶。
2 龍山寺由前殿、正殿、後殿及左右護龍構成。
3 龍山寺內還有小型瀑布、鯉魚池。

龍山寺

最靈驗的月老廟

- 台北市萬華區廣州街211號
- (02)2302-5162
- 06:00～22:00
- 捷運龍山寺站1號出口，步行1分鐘

艋舺為台北的發源地，其最古老的市街在紗帽廚社的故址大溪口，即今貴陽街與環河南路口。最有名的就是擁有中國古典三進四合院之宮殿式建築龍山寺，牆上故事多出自三國演義和封神榜，在進前殿前還有瀑布、鯉魚池，大家來龍山寺除了參拜觀世音菩薩，最大原因就是求月老拿紅線。而於清乾隆3年建立的龍山寺，歷經3次整修規模後，在民國74年被列為二級古蹟，在建築上也成了許多建廟工程、設計師的參考原型，像是全台僅有的一對銅鑄蟠龍柱、歇山重簷式的正殿屋頂、花崗石與青斗石混合組構的牆堵都為龍山寺最大特色。

Meat Up

浮誇式話題美食餐廳

台北市萬華區武昌街二段37號6樓
0908-198-398
週一至週五11:00～22:00，週六至週日10:00～22:00
捷運西門町站6號出口，步行5分鐘

帶起台灣瘋狂奶昔、果昔風潮的Meat Up，在甜點研發上不斷突破，每一季都會搭配當季水果並推出限定餐點，不時推出節日活動，是家甜鹹兼顧充滿粉紅色的浮誇店家。招牌舒芙蕾系列更以超會晃聞名，曾推出芋圓、珍珠奶茶、泰奶系列，並每次都席捲社群媒體創下話題，甚至是日本媒體評選台灣年度10大必訪打卡餐廳，許多遊客都會特地前往。Meat Up與一般甜點店不同，對於鹹食也很講究，至從搬新家後便重新改裝，在餐點上也做出了大幅調整，除了原先的菜色更多出不少早午餐、浮誇調酒，在每個時段中皆能享受最優質、時尚的環境，不只每個角度都好拍，還能享用亮麗、創意、浮誇的各式餐點。

（照片提供／Meat Up）

1 3周年時推出的珍珠季甜點，到現在還有許多粉絲敲碗回歸。
2 不只有甜食，就連松露起司牛肉堡也同樣受歡迎。
3 以往走熱帶風情，在搬遷新店後改走粉紅時尚路線。

Believer 理髮珈琲

邊吃下午茶邊洗頭

台北市武昌街二段83-9號
(02)2388-7833
髮廊12:00～21:00，咖啡酒吧14:00～02:00，不定期公休
捷運西門站6號出口，步行7分鐘

2

1

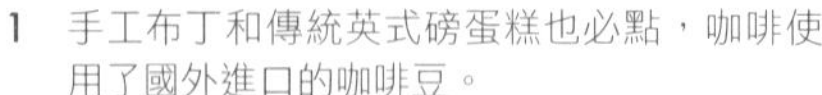

3 （照片提供／Believer 理髮珈琲）

4

1 手工布丁和傳統英式磅蛋糕也必點，咖啡使用了國外進口的咖啡豆。
2 咖啡師熟練製作每項飲品。
3 連youtuber網紅本本都是忠實顧客。
4 英式復古風的大門，無論外國人或是亞洲旅客經過都忍不住拍照。

「喜愛穿梭在老空間的溫度，玩著不同創新的元素，撞擊出不一樣的理念。只要秉持著自我信念，沒有不可能的事！」許多外國人都很愛到台灣體驗洗髮，尤其偏愛在座位上坐著洗頭，也特別讚嘆洗頭時附贈的按摩服務，這已經成為了台灣的特殊文化。而現在要介紹的這間理髮店可不簡單，不只店內以老英國復古風格為主，還有酒吧跟賣下午茶，讓理髮的客人

能夠邊做造型邊吃下午茶喝酒。這間店前身是間古著服飾店，因為店內保留了許多復古的衣櫃跟線板，深受老闆喜愛，因此在與設計師溝通之下，激盪出濃濃的老英國復古風格，也讓許多客人忍不住在這拍照打卡。就連髮型師們的技術也深受好評，尤其染髮，許多特殊髮色都是其它髮型店沒有的，也有最近流行的美人魚珊瑚橘紅、海洋藍、薰衣草、玫瑰金，並且頭皮頭髮也幫你照顧得服服貼貼。而下午茶餐點也不簡單，除了手工布丁，還有傳統英式磅蛋糕，各式手沖咖啡也深受喜愛，就連台灣高山茶也有，夜晚時也能來這點一杯調酒舒緩心情，無疑是最棒的享受！一間沙龍結合不同專業領域，集結最優秀的髮型師、咖啡師、調酒師，迸出了最完美的火花。

JAI宅 西門店

在鬧區驚見叢林

台北市萬華區武昌街二段50巷10號2樓
(02) 2371-7666
週一至週五11:30～22:00，週六至週日11:00～22:00
捷運西門站6號出口，步行4分鐘

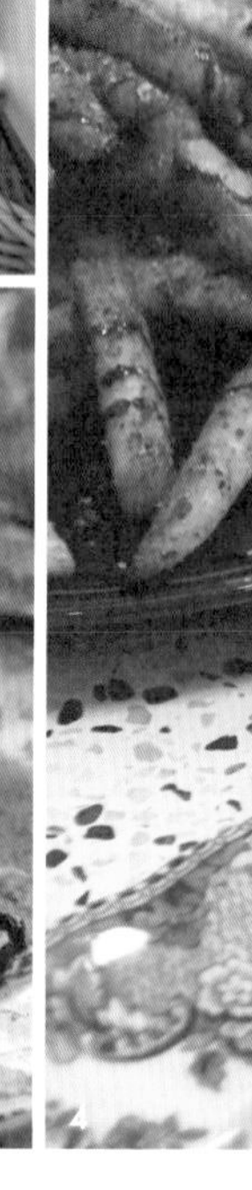

1 叢林中藏有一台可愛餐車是調酒飲料吧。
2 台灣是水國王國，像「鳳梨紫蘇梅綠茶」許多外國人都超愛點。
3 伯爵、抹茶珍珠戚風蛋糕珍珠控必點，一吃就會愛上。
4 餐點擺盤都超美，讓人看得食指大動！

2019年10月剛開幕的JAI宅，從台中一中街紅到現在終於在台北開店，一開幕就引起女孩們的注意，除了座無虛席，許多媒體報導，店內擺設更是吸引人，就像身處叢林般，四周都是綠葉，而外側的溫室空間，更讓人有到國外旅行的錯覺，叢林間有一台可愛餐車，真面目其實是調酒飲料吧，並就連桌椅都特別設計，是必打卡的景點之一。

餐點樣樣經典，除了整整一圈的黃金炸蝦賣相完美的明太子奶油炸蝦燉飯，還有擺盤完美、內含20幾顆蛤蜊的橘醬爆炸蛤蜊宅宅麵必點外，番茄白蘭地照燒雞腿宅宅麵、青醬炭烤照燒鮭魚宅宅麵也是許多客人的最愛，除了主餐點外，必點的還有日式焦糖檸檬炸雞、墨西哥蒜泥風味脆薯等前菜；就連甜點和飲料也很精緻，尤其是鳳梨紫蘇梅綠茶和紅茶與牛奶冰磚，連外國人都愛不釋手忍不住拿起手機拍照，更別提伯爵珍珠和抹茶珍珠的戚風蛋糕了，珍珠控的你們絕對不要錯過，珍珠全都是剛煮好熱騰騰的珍珠，倒在戚風蛋糕上，保證吃過的連作夢都會笑。

另外，也強烈建議所有餐點都要趁還熱騰騰時享用，這樣才能百分百感受料理的用心。

八拾捌茶輪番所

鬧區驚藏日式茶屋

台北市萬華區中華路一段174號
(02)2312-0845
11:30~21:00
捷運西門站1號出口，步行3分鐘
菜單定期更換，提供餐點會有所不同。

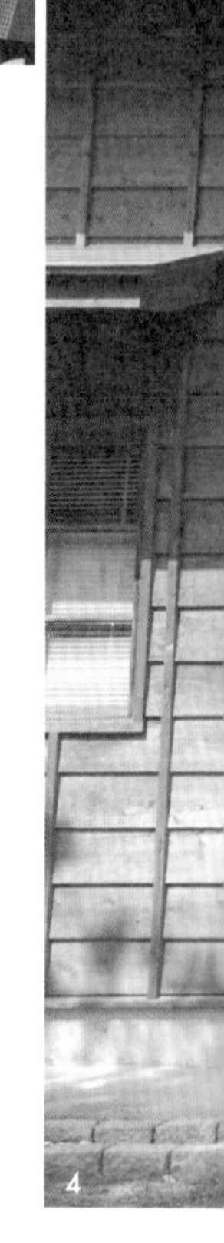

1 銅銀烤茶有4種款式供選擇。
2 「臨桌抹茶體驗」自己完成一服日本抹茶，附贈的上生和菓子造型超可愛。
3 台式菓子拼盤、和風菓子拼盤有多項點心，好茶好食配上幽靜環境超愜意。
4 除了室內座位有塌塌米、外型像京都茶屋，還供日式庭院讓大家歇息。

西門町身為觀光勝地，卻很少人注意這間位於中華路古色古香的茶屋，走近一看，像極了日本京都傳統茶房，除了有日式庭院及玄關外，還有木造梁柱及榻榻米，讓許多日本遊客都讚嘆，而西本願寺輪番所實際上於1924年落成，原為西本願寺住持宿舍，遇祝融燒毀後改建，再由八拾捌茶進駐成為茶館。這裡除了賣和風菓子及抹茶，還主打台灣好茶、台式菓

子、蔬食餐點供大家品嘗，最特別的地方就是讓大家DIY泡茶，泡茶方式還細分為碗泡、蓋杯泡、壺泡、銅銀烤茶4種，細心的店員還會傳授漱、含、飲、清4步驟品茶，茶葉也可多次回沖。其中「玫瑰包種」為窨製茶，利用古傳花茶製法，結合新搭配物種；「果香鐵觀音」來自杉林溪龍鳳峽，利用壺泡的方式將色澤展現且綻放茶香。

行家來泡茶

碗　　泡：真誠方式展現茶的個性，適合單品茶款

蓋 杯 泡：靈活多變的使用方式更能表現出茶味的豐富性，適合窨製茶款。

壺　　泡：步驟較繁雜，但慢工出細活，茶香及茶味更為溫潤。

銅銀烤茶：用文火去除茶葉中的濕氣，經翻炒昇華香與甜。

幸福堂
西門町全球旗艦店

手炒黑糖珍珠開創話題

風靡全球的黑糖珍珠鮮奶第一品牌幸福堂。除了擁有全球首創金箔珍珠，近期更獨家推出玫瑰珍珠並嚴選天然有機玫瑰花，甚至在歐美都有據點，無論哪家分店都能看到現場炒黑糖、熬煮黑糖珍珠的畫面，製作流程完全透明化。高人氣招牌黑糖珍珠真鮮奶，堅持每日手工製作，並用

黑糖珍珠真鮮奶最高紀錄1天賣1000杯以上。

古法手炒黑糖珍珠加入香純鮮奶，無添加任何防腐劑、色素，最後再加上一層奶霜及黑糖粉，並以炙燒的方式逼出黑糖香氣，濃郁幸福的味道風靡全球。

- 台北市萬華區漢中街101號
- (02)3550-9818
- 09:30～23:30
- 捷運西門站6號出口，步行2分鐘

阿宗麵線

柴魚味濃厚麵線榮登第一

在西門町屹立不搖的阿宗麵線，承載著不少人的童年回憶，「立食體驗」成為當時店前最獨特的一道風景，在還沒提供椅子前，所有客人人手一碗麵線，這樣逗趣的畫面被當時許多的插畫家畫下來，列為台灣奇景之一。即使現在已開始提供椅子，仍有不少人堅持站著吃完。阿宗麵線之所以好吃入味，是因為用大量柴魚細心熬煮，除了滑潤的麵線及濃郁湯頭，還有滿滿Q彈解饞的大腸及筍絲、柴魚，添上香菜或九層塔，再配上辣椒醬、蒜泥與烏醋提香，不僅更有層次還很美味，難怪創業多年還有不少老顧客回訪。

絡繹不絕的客人，無論何時總是人潮滿滿。

- 台北市萬華區峨眉街8之1號
- (02)2388-8808
- 09:00～22:30（週五至週日延長至23:00）
- 捷運西門站6號出口，步行3分鐘

新馬辣經典麻辣鍋Plus+ 峨眉店

雙國和牛吃到飽

- 台北市萬華區西寧南路155號5樓
- (02)2311-2352
- 11:30～02:00
- 捷運西門町站6號出口，步行5分鐘

主打頂級食材吃到飽，連火鍋湯底都能引起話題的新馬辣再度升級啦！這次主打「百元之差，翻倍奢華」為亮點，菜色提升為美國SRF金牌極黑和牛、澳洲M8-M9+黑毛和牛2種，祭出九孔鮑魚、澳洲特級牛舌及歐洲頂級餐酒、荷蘭原裝海尼根的鮮榨生啤等高檔食材，通通無限量吃到飽。除了可以大啖美、澳2國的和牛，同時還有人氣食材「巨大雞胇」以及集合16款Häagen-Dazs冰淇淋、16款莫凡彼，共計32款口味的冰淇淋。醬料一樣有20種，原先的27種飲品直接升級30種，多了法國水蜜桃氣泡酒、法國紅酒、西班牙白酒，其中還包含6款TWININGS英國皇室貴婦唐寧茶茶包，以及大家最愛喝的生啤酒。

1 全日供應阿根廷天使蝦，多種海鮮供享用。

2 不定時推出九孔鮑魚、神仙牛吃到飽活動，可至臉書粉專看最新消息。

3 被網友票選為三大不能錯過的火鍋之一，實至名歸。

雞排本色 台北西門店

雞排界無色素的馬卡龍

- 台北市萬華區武昌街二段50巷8號
- 0901-225-516
- 14:00～23:00
- 捷運西門站6號出口，步行3分鐘

雞排本色一直以來都有著「雞排界馬卡龍」的稱號，很多人看到鮮豔的色彩，就以為是滿滿的色素，事實上這家不僅顏色都以天然食材、蔬菜調製，且口味多樣化，有紅麴、甜菜根、番茄、南瓜、洛神花、抹茶、梔子花、紫地瓜、墨魚、薑黃10種口味，肉厚卻皮薄、酥脆。除了硬漢有色雞，排近期更推出本色雞腿肉串系列，咬下去多汁飽滿，方便食用，除此之外嚴選純釀醬油蜂蜜的蜜魯雞排、結合蛋液酥脆的蛋香酥花雞排、古早厚實的復刻雞排都是不錯的選擇。

1　店門口是顯著的硬漢風格。
2　硬漢有色雞排超厚又多汁，早在台中就占有一席之地。
3　本色雞腿肉串和硬漢有色雞排一樣都有10種口味，適合和朋友們一起享用。

1 握壽司除了鮭魚還有鮪魚、旗魚，大約1個手掌大。
2 三角鋪飲料一次可喝2種，圖為珍珠奶茶、蜂蜜檸檬。
3 鮭魚肚生魚片：超長一塊，要好幾口才能吃完。

三味食堂

日本人也愛的巨無霸握壽司

- 台北市萬華區貴陽街二段116號
- (02)2389-2211
- 週一至週六11:20～14:30、17:10～21:30，週日公休
- 捷運西門町站6號出口，步行10分鐘

三味食堂賣的壽司並沒有多作裝飾，講求的是原汁原味、新鮮且大份量。明明日本滿街都有壽司店，還有那麼多日本人願意來用餐，並排上1小時以上，原因除了價位比日本當地便宜，最大的就是浮誇系巨無霸鮭魚握壽司，以及史上最長的新鮮鮭魚肚生魚片，是所有大胃王的夢想天堂，用料新鮮、港口直送，除了生魚片、巨無霸握壽司，還有飯、麵及串燒等熟食，菜單走國際化路線，有中文還有日文、韓文、英文。除了在每道料理上講究，三味食堂還在店旁開設新店，不只販售多樣伴手禮，飲料也同樣掀起熱潮，創意十足，1杯飲料價就能同時喝到2款不同飲料，讓有選擇障礙的人終於也能鬆一口氣。

1 1樓為日式風格，能看到師傅在眼前捏壽司。
2 生魚片很新鮮，冰冰涼涼的口感一吃就愛上！
3 火車行駛中，上面有滿滿的日式料理。

大車輪壽司本舖

大家的童年回憶

台北市萬華區峨嵋街53號
(02)2371-2701
週日至週四11:00～21:30，週五至週六11:00～22:30
捷運西門站6號出口，步行3分鐘

這家創立於1976年的迴轉壽司是全台灣第1間以火車迴轉壽司為概念的主題的日式餐廳。不只小朋友吵著要來吃，對於大朋友們來說也有滿滿回憶，除了餐點好吃，就連店面擺設也古色古香像極了日式建築，1樓有火車迴轉壽司、2樓則是提供榻榻米的座位區。餐點上除了平價的日式便當外，必點的還有招牌綜合壽司、花壽司，許多特別的壽司都只有這裡才吃得到，生魚片、生牛肉也超新鮮！已經是老字號的大車輪壽司本舖，早已是許多人心目中台灣第1名的迴轉壽司。

美觀園日本料理

1946 年創立的平價老店

台北市萬華區峨嵋街47號
(02) 2331-0377
11:00～21:00
捷運西門站6號出口，步行3分鐘

美觀園從第1代創辦人接手第2代後，總共分為3家。第1家老店由老三經營，創立於1946年。老店秉持著專業熟練的傳承技術，注重於食材新鮮，標榜的是台式版的日式料理。隱藏版料理鮭魚凍，是老饕們的必點，而當季新鮮黑鮪魚、日本空運來的海膽、從魚市場批發來的新鮮海鮮，也是顧客們念念不忘的好味道。點上一杯生啤酒再配上生牛肉、大明蝦沙拉等美食，除了生魚片等生食新鮮，許多老饕也很愛點炸豬排、炸蝦、鰻魚等日式家常菜，吃了直誇道地、美味，無論吃幾次都覺得非常新鮮，尤其是生魚片，一口吃下去連作夢都會笑，能夠在西門町這樣的鬧區，開日本料理卻每天座無虛席，就因4字「用料實在」，讓吃過的客人們都成回流客。

1 盛合トロ由黑鮪魚、鮭魚腹、紅魽腹組成。
2 海膽鮭魚卵蓋飯超新鮮，完全無腥味。
3 隨便點都樣樣經典，讓人食指大動、胃口大開。

Chapter 5 中正區

壯觀歷史建築 都會區的核心

除了有許多商圈、歷史建築，位於中正紀念堂的國家戲劇院、國家音樂廳更是假日民眾休閒的好去處，且全台灣最大交通樞紐「台北車站」就位於此區，不但鄰近西門町、東區、公館，車站內的地下街也販售許多便宜好貨；而位於捷運忠孝新生站附近的華山 1914 文化創意產業園區，更是年輕人最愛聚集的地方，花半天遊玩都沒問題。

熱門景點交通方式

▪ 中正紀念堂－捷運中正紀念堂站 5 號出口 ▪ 台北車站－捷運台北車站 1 號出口 ▪ 華山 1914 文化創意產業園區、光華商場、三創生活園區－捷運忠孝新生站 1 號出口

1 紀州庵的建築風格相當日式，沿著同安街走會看到不少壁畫。
2 位於同安街97巷的壁畫，色彩鮮明。
3 同安街86巷畫的是作家林海音與何凡夫婦家的餐桌。

紀州庵文學森林 & 同安街壁畫

將文學融入日常

- 台北市中正區同安街107號
- (02)2368-7577
- 週二至週四、週日10:00 ～18:00，週五至週六10:00～21:00，週一公休
- 捷運古亭站2號出口，步行約10分鐘

紀州庵文學森林是台北市第1個以文學為主題的藝文空間，分為新棟及舊棟，新棟目前有3層樓，有茶館、書店、展覽空間；舊棟歷經2次大火，光復後整編為公務人員宿舍，也成為小說家王文興在台北成長的住所。1950年後周圍出現不少現代文學社群，余光中、林海音等文人就住附近，到2004年被定為台北市市定古蹟。為了延續文化傳承，里長邀請藝術家，沿著同安街巷弄彩繪牆壁，結合當地特色、利用廢棄物裝飾，造就現在的IG熱門打卡景點「施洛德花園」。

華山 1914 文化創意產業園區

文青假日好去處

台北市中正區八德路一段1號
(02)2358-1914
戶外24小時開放，展覽依公告為主
捷運忠孝新生站1號出口，步行3分鐘

華山文創園區內的商店都是打散的，會在園區的各個角落裡找到文創店家、展覽、咖啡廳，而且展覽也時常有快閃活動，開放民眾免費入場參觀。除了街頭藝人表演，包含假日市集、租借場地、講座論壇，也篩選許多知名大廠商在大草原區宣傳，像是迪士尼就很常在新電影上映時來辦快閃商店。原為酒廠再製酒包裝室的光點華山電影館，也是愛好電影、欣賞藝術的民眾最愛去的地方，為全國首座國家級藝術電影館。整館空間保留舊建築結構並結合新的創意元素，為老屋之創新展現。

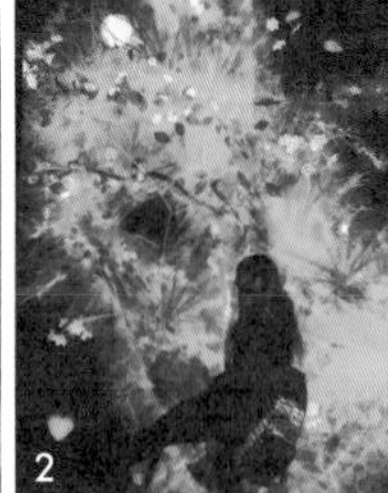

1 常有快閃商店、展覽、免費活動，每次來都帶給大家不同新風貌。
2 被列為全球10大必看藝術展之一的「Teamlab舞動藝術展」。
3 這裡保留舊式建築，迎來新生命，是台北市市定古蹟。

1 Candy Bird的作品大多反映社會議題及苦悶的上班族生活。
2 井然有序的信箱牆。
3 許多文創商店、駐村藝術家工作室皆開放參觀。

寶藏巖國際藝術村

將藝術融合生活

台北市中正區汀州路三段230巷14弄2號
(02)2364-5313
11:00～22:00，週一公休
捷運公館站1號出口，步行12分鐘
展覽營業結束時間皆為18:00

寶藏巖國際藝術村於2010年正式營運，以「聚落共生」概念引入「寶藏家園」、「駐村計劃」與「青年會所」等計劃，開放許多藝術家駐村，創造聚落多元豐富的樣貌。除了搭起聚落居民及藝術家之間的媒合平台，使村莊更加有生命、年輕，更吸引不少熱愛文創、藝術的文藝之人注意。同時村內也設有14間藝術家工作室，作為國、內外駐村藝術家工作及生活的空間，也有文青風格的小舖、咖啡廳，並不定時有戶外展演、展覽，藝術村內有許多裝置藝術、壁畫，隨處一拍都能拍到好照片。

金雞母 Jingimoo

被火炙燒的創意冰品

台北市中正區杭州南路一段143巷36號
0908-232-108
12:30～20:30
捷運東門站1號出口，步行3分鐘

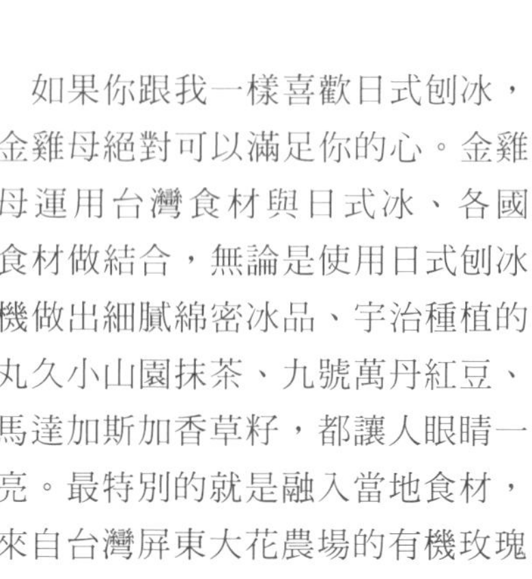

1 春暖大花玫瑰冰：表面淋上有機玫瑰花醬、煉乳，再配上鐵道音茶凍、客家湯圓和萬丹紅豆。
2 綠澐抹茶紅豆：推薦給不常吃冰，喜歡常溫甜品的朋友。
3 「燒冰」系列冰品，提供桌邊燒炙的服務，遠遠就聞到超香烤布蕾香味。
4 各式冰品美到發泡，征服每位少女的心。

如果你跟我一樣喜歡日式刨冰，金雞母絕對可以滿足你的心。金雞母運用台灣食材與日式冰、各國食材做結合，無論是使用日式刨冰機做出細膩綿密冰品、宇治種植的丸久小山園抹茶、九號萬丹紅豆、馬達加斯加香草籽，都讓人眼睛一亮。最特別的就是融入當地食材，來自台灣屏東大花農場的有機玫瑰

花、阿里山愛玉、客家湯圓、百年茶店鐵觀音茶葉製成的茶凍，就連果醬都是手工製成，光是冰的食材準備就花不少心思。其中最招牌的就是「燒冰」系列冰品，不但將甜點與刨冰做結合，還用烤布蕾的材料調整成入冰口感，濃厚美味帶點脆度，就連日本雜誌、各大旅遊節目都來採訪過，人氣「燒冰抹茶」，除了視覺上超吸睛，冰內更藏有萬丹紅豆和客家湯圓，抹茶也選自丸九小山園，濃郁又美味，讓許多日本、韓國觀光客都特地前來拍照打卡！就連外國朋友們都深深愛上的金雞母，除了不定期推出新產品，讓客人能在不同季節品嘗當季甜點外，就連各個節慶都能看到創意吸睛的造型刨冰，難怪能成為中正區最高人氣冰店。

雙月食品社 青島店

高 CP 值超補雞湯

台北市中正區青島東路6之2號1樓
(02)3393-8953
週一至週六11:00～14:00、17:00～20:00，週日公休
捷運善導寺站2號出口，步行4分鐘

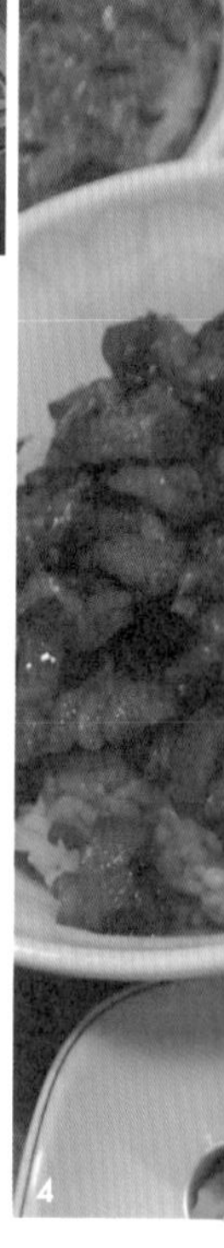

1 看似為日本料理店，實際上卻為中式湯品。
2 東石港直送的鮮蚵，除了乾蚵以外，鮮蚵乾麵也是不錯的選擇。
3 紅燒虱目魚肚：養顏美容、軟嫩且入味，店家早已貼心除刺。
4 蛤蜊燉雞湯：為了保持雞肉本身鮮甜，將雞肉與湯分開熬煮。

堅持用新鮮好食材，使用最簡單的原味烹煮，連續3年獲得必比登米其林的封號，不管大人小孩都愛的雙月食品社，不但曾上過愛玩客、各大電視台，就連我的第1本旅遊書都有收錄，是家讓人愛不擇手每月幾乎回訪1次的愛店。雙月食品社不只注重好吃，還很在意食材，使用溫體仿土雞、大雞腿肉、無雞胸，就連無刺虱目魚都是當天檢驗合格的。不但料滿到高

於碗，連鮮蚵都是東石港直送，雞肉用高湯烹煮，招牌油飯也需要泡米8小時，炒料油飯都是手工拌炒，連滷味也是使用中藥包去熬煮的，每份料理都手工製作用心熬煮絲毫不馬虎。其中內行人必點的招牌油飯、中藥滷味中的月亮骨、豬耳朵、嘴邊肉、粉腸，還有虱目魚肚蛤蜊湯，絕對是以家為中心主軸堅守傳統好味道新鮮好食材，健康原味的養生首選。

同時雙月食品也有販售月子餐，非常適合給坐月子的媽媽們養生，不僅超補、有營養還很美味；除了實體店面也有官網販售各大禮盒、補品，像是高人氣的鮮凍海鮮、質樸蘿蔔糕、養生茶包、雙月極品鮑均能選購。

1 洋蔥圈肉醬漢堡：酥脆的洋蔥圈再淋上濃郁肉醬，配上起司和新鮮沙拉。
2 晚上來的感覺與白天大大不同，投影的燈照下來很有氛圍、質感。
3 花生醬起司漢堡：手打的新鮮肉排鮮嫩多汁，甜甜的花生醬與起司也是絕配。

Take Out Burger& Cafe 忠孝新生店

創意漢堡專賣店

- 台北市中正區新生南路一段56巷6號
- (02)2321-0020
- 11:30～22:30，外送則延長至23:00
- 捷運忠孝新生站5號出口，步行1分鐘

若是喜歡手工漢堡又有大膽嘗試新口味的冒險精神，這家Take Out Burger絕對會顛覆你的想像，甚至讓漢堡控都懷疑自己沒真正吃過漢堡。菜單上超過19種漢堡，還不包含每月推出的創意漢堡，像是雞腿排、炸魚排、韓式炸雞、甚至薯餅素漢堡應有盡有。而受到許多人愛戴的每月創意漢堡，使用的食材都跟漢堡劃不上等號，像是糖漬芭樂牛肉漢堡、珍珠奶茶漢堡、拿鐵漢堡、巧克力漢堡，無論哪一款都讓人意想不到，也都有忠實粉絲。Take Out Burger也提供客製化漢堡，可以自由搭配，除了漢堡外也能加點套餐、炸雞、起司條、鱈魚條、脆薯、炸花枝圈、每日新鮮沙拉。如果只是單點，一個漢堡也超厚，大份量不怕吃不飽。

站食可以

邊走邊吃的美味便當

台北市中正區羅斯福路四段24巷12弄7號
0928-490-565
11:30～21:30
捷運公館站1號出口，步行7分鐘

在熱鬧公館商圈中，居然有家便當店被譽為「公館便當的第一把交椅」讓人不禁好奇為何一家便當店，能在擁有美食稱號的公館商圈立足並有龐大人氣，甚至在不是用餐時段的3、4點都還有人在排隊買便當。「站食可以」為一對年輕姊弟所開，看準外帶市場，希望大家將海南雞飯當作一份邊走邊吃的小吃，卻意外造成話題，進而成長為高人氣便當店，每到中午就有滿滿人潮，厲害的地方在於「醬汁」，像是海南雞飯的醬汁就來自於港式蔥薑醬及泰式醬料，甚至連泰國米都用雞湯及香料煮成，而蔥燒醬豚飯不只使用精選肥瘦比例的五花肉，還將肉與自製醬料燉煮2小時，用心程度讓每位客人都一訪再訪，平民的價格也深植人心，難怪造成高人氣。

1 祖傳獅子頭飯：純手工製作選用8:2瘦肥比例的豬絞肉，配上獨門祖傳醬汁。
2 好吃雞肉是來自古早的美味、綜合湯是貢丸和魚丸搭配每日熬煮的雞湯。
3 海南雞飯肉質軟嫩口感鮮甜且貼心去骨，蔥燒醬豚飯顛覆以往的台式控肉，口味濃郁，入口即化。

Chapter 6 大同區

台北最早發源地 洋房藏道地茶葉

除了台北當代藝術館、台北孔廟、保安宮等歷史人文建築外，大同區最令人深刻印象的，絕對是曾有「台北最繁華地區」稱號的大稻埕。大稻埕是台北最早開發區域，遺留下大量的早期洋房建築，走在街上，穿越回了古代；而迪化街則是大稻埕最早市街，具有濃厚茶葉文化；而近年興起的赤峰街更是古著店的聚集中心，除了賞壁畫、逛市集，也可以走入隱身巷弄的古著店，穿搭出屬於自己的獨特風格。

熱門景點交通方式

▪ 霞海城隍廟－捷運北門站 3 號出口 ▪ 大稻埕碼頭－捷運大橋頭站 2 號出口 ▪ 台北當地藝術館－捷運中山站 6 號出口

1 這家底片店將用過的底片當裝飾，也販售捕夢網等手工商品。
2 藝術家兩兩一樹所繪的作品「回家路上的奇幻旅程」，將角色與小巷結合。
3 插畫家許匡匡所畫的點亮夜裡的星星，提醒大家要點起心中的燈。

赤峰街

打鐵街華麗大變身

台北市中山區赤峰街沿路巷弄
24小時
捷運中山站2號出口，步行約5分鐘

當代藝術館邀請許多藝術家在巷弄、街道即興創作後，使赤峰街色彩更鮮明、生動，除了人潮明顯變多，還紛紛有不少文創店家湧入，這些店家兼具獨特、新穎、設計，讓有「打鐵街」稱號，原以汽車零件、五金行為主的赤峰街，瞬間成了中山站最有文創、設計氣息的街道，不少想創業的年輕人都會來這找尋靈感。赤峰街除了有專門販售底片、捕夢網、乾燥花、文創商品的店家，還有特色餐飲、鳥占卜、髮廊和隱身巷弄的古著店，在逛完買完吃足後，便可踏上尋寶之路，在擁擠、狹窄巷弄間尋找10幾位藝術家畫的壁畫，不同的風格及畫風吸引各式各樣的人潮，也讓每個巷弄都成打卡地點。

大稻埕碼頭

貨櫃市集賞夜景

台北市大同區大稻埕碼頭
(02)2720-8889(台北市政府市民廣場)
週一至週五15:00～23:00,週六至週日11:00～23:00(市集開放時間)
捷運北門站3號出口,步行15分鐘

大稻埕碼頭除了可以夜遊騎單車賞河畔,在每年七夕前後還可以看煙火,近年在重新規劃後更擁有PIER5貨櫃市集,成了台北西區夜晚最佳好去處,不少情侶都會來這約會。許多攝影愛好者也會前來這裡拍照,尤其是夕陽下山時的餘暉,更將整個河畔染成橘黃色,在夜晚時同樣吸睛,河面照映著對岸燈光閃閃動人。這裡的貨櫃市集為長駐,販售的小吃有很多種,除了有炸物、啤酒,還有港式料理、韓式餐酒館,有些店家甚至開放vip景觀台給用餐客人能邊吃美食邊賞美景。

1 大稻埕碼頭有停靠船,可搭乘至淡水、八里。
2 PIER5大稻埕碼頭貨櫃市集地標性打卡點。
3 貨櫃市集有許多店家,除了美食也販售不少調酒、啤酒。

1 新的夜店式「激光Patry包廂」，電燈會隨音樂自由擺動 。
2 自助式的餐點有台式熱炒、港式料理、珍珠奶茶冰等多樣餐點。
3 大廳裝潢超氣派就連手扶梯也因燈光設計，彷彿置身在藍眼淚裡。

星聚點 KTV 台北旗艦館

夜店式包廂夜唱

- 台北市延平北路二段83號
- (02)2552-2111
- 週一至週五11:00～06:00，週六至週日10:00～06:00（週五、週六延長至06:30）
- 捷運雙連站1號出口，步行4分鐘
- 捷運台北車站、中山站、大橋頭站都有免費接駁車

說到唱歌，怎能不提到有免費接駁專車的星聚點呢？不僅有夜店式包廂，還有炫彩耀眼的燈光設計，除了能隨著歌曲快慢做調整，就連天花板、地板都有不同的燈做轉換，雷射燈、圖騰染色燈、主角燈皆能隨著歌曲節奏律動跳躍。更擁有自助式餐點，能享多種台式熱炒、港式料理，還有超美味珍珠奶茶冰，也可搭配優惠的套餐方案，升等鐵板燒套餐、日式涮涮鍋套餐；除了自助式還有點餐式消費，在宵夜時段牛肉麵只要25元、魯肉飯也只需要10元，無論哪種選擇都超划算！

台北當代藝術館

跨越圍牆的當代藝術

- 台北市大同區長安西路39號
- (02)2552-3721
- 週二至週日10:00～18:00，週一公休
- 捷運中山站6號出口，步行5分鐘
- 每週六日及國定假日10:00～12:00，親子同行可免費參觀展覽，每日最後售票時間為17:30

台北當代藝術館建築前身源於日治時期的建成小學校，也曾為台北市政府，後來重新整頓成了現在的藝術館。保持日治時期的黑屋瓦屋頂與塔樓，許多民眾在觀展時，也會和建築拍照，拍出的照片都有濃濃日式懷舊感，與展出的科技設計、當代藝術成強烈對比。台北當代藝術館突破了圍牆限制，多數作品在台北各處都能巧遇，像是台北車站內的公共藝術「夢遊」、中山地下街「紐約怪談：氣球狗」、中山站線形公園「音響機器人BIGPOW」以及赤峰街的各個巷弄壁畫，都來自台北當代藝術館與藝術家們的合作。

1 徐福興先生作品「The New Beetle」黃色金龜車現為藝術館最熱門的打卡地點。

2 公共藝術作品「龍」，從大廳延伸到藝術商店中。

3 台北當代藝術館為日式建築，與展出的前衛作品、展覽呈現不同風格。

1　台式繽紛茄芷袋有台灣LV包之稱。
2　除了包包還有各式餐具，皆能看到老闆現場製作。
3　許多旅客都會特地到門口拍照。

高建桶店

傳統手編人氣老店

台北市大同區迪化街一段204號
(02) 2557-3604
09:00～20:00
捷運北門站3號出口，步行14分鐘

有台灣LV包專賣店之稱的高建桶店，已傳承至第3代，是迪化街裡最傳統、古早的店家之一，這裡不僅有手編包包、置物籃，還有各種竹籃、斗笠、畚箕、竹製品，甚至是蒸籠、檜木浴桶都有，許多觀光客最愛來這挖寶，尤其是日本旅客最愛買手織的野餐籃、繽紛茄芷袋、便當盒。店裡古色古香，老闆親切好客，是來迪化街絕對不能錯過的店家，花小錢就能挖到不少寶，近80年歷史，就連許多知名餐飲集團都特地前來採購。

永樂春風茶館

1920 年的台式下午茶

- 台北市大同區迪化街一段82號
- (02)2552-6482
- 10:00～18:30
- 捷運北門站3號出口，步行11分鐘

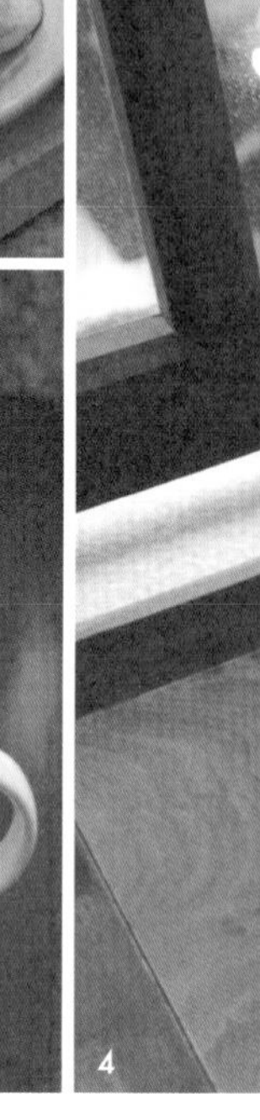

1 總共2層樓，樓下販售許多台灣文創商品、在地茶葉及農產品。
2 永樂滷肉飯套餐：凍頂烏龍茶當底的美味滷肉飯和純手工的台式馬卡龍。
3 春風拿鐵：奶泡可選擇「永」或「樂」，茶香味十足、咖啡味濃郁好喝。
4 永樂春風經典台式下午茶：一次嚐完「大稻埕5家老店糕點」，實在超划算！

來到台灣茶葉起源地「台北大稻埕」，絕不能錯過的就是擁有1920年代和洋風格，充滿爵士音樂與青春身影藏身於「合藝埕」的「永樂春風茶館」。不但提供台灣好茶、織布和台灣物產選品，還是迪化街上富有優閒飲茶空間和深度文化的景點。從台灣好茶到手沖咖啡都有一番講究，提供的下午茶套餐也有濃濃台灣味，集結大稻埕5大老店糕點、6種滋

味，是必吃的台式下午茶。而滷肉飯套餐的滷肉，更是選用林華泰的凍頂烏龍茶為底，加上慢火炒製而成的豬肉一起熬煮入味，香而不膩，為必點餐點之一，台灣的滷肉飯有百百種，就這種最特別！

特製茶咖啡系列也很有創意，使用木柵鐵觀音茶葉與蔗糖的茶糖漿做為媒介，將茶香與咖啡完美結合。而最受歡迎的東方美人茶，產於竹苗茶區，不僅茶湯色澤橙紅明亮，還擁有的蜂蜜香與果味，受到許多女孩子的喜愛。除此之外不定時有限定餐點，像Youtuber千千就曾與「永樂春風茶館」合作推出千拌麵套餐，不時前來享用餐點。若是第一次來迪化街，強烈推薦來品嘗，不僅能喝到台灣傳統茶葉，也能一次品嘗大稻埕5家老店糕點。

南街得意

飲茶作樂賞老街

台北市大同區迪化街一段67號
(02)2552-1367 #21
11:00～19:00
捷運北門站3號出口，步行11分鐘
最後點餐時間為18:00，不接待12歲以下的孩童。

1 整體來說不但有趣又有氣氛，特別適合在忙碌生活中想要清閒一下的你。
2 奇種烏龍：以炭火慢慢烘焙的茶葉，保有烏龍茶原有的自然蜜香。
3 18個裝有茶葉的小茶罐，每個都能打開來聞，一旁附有菜單給客人做參考。
4 紅玉：除天然肉桂香外，還有淡淡薄荷香。

藏在老洋樓2樓的「南街得意」，帶有一點神祕感，像曝光百年時間的快門，透過不同時代不同風格的家具，在同一幅影像上，記錄著台灣歷史的美麗滄桑及大稻埕將近百年的歷史。茶樓顯得幽靜、古色古香，與其他店家不同的地方在於：遞上菜單時會提供18種茶葉小茶罐給客人聞香，裡頭放滿各種茶葉，有：文山包種、凍頂烏龍、東方美人、鐵觀音、紅玉等台

灣本土東方茶，共達18種，聞香選茶的特別方式，讓客人們總是一來再來，也提供花茶、果茶與伯爵茶等西式茶品。每壺茶都會配豐富的茶點，像是承襲近80年以上好手藝的「十字軒糕餅舖」裡的各式糕點及在地台灣味果乾，取自大稻埕各家老字號點心鋪，依照茶味精心設計，讓許多老顧客們特地前來品味，喜歡找地方看書的朋友們，千萬不要錯過。飲茶配點心再看本書，坐在窗邊的位置，微風輕柔吹拂髮絲再賞老街美景，沒有比這更愜意了，只要是會喝茶的朋友，我就想帶他們來這裡，因為選茶有時會透露選茶人本身的心境，爽朗自在就點奇種烏龍，嫻靜安然就點碧螺春，當然都只是見仁見智啦！

魯蛋茶酒館

一飲 12 星座的特色調酒

台北市大同區迪化街一段333號
0955-816-917
週日至週四13:00～24:00，週五至週六13:00～02:00
捷運大橋頭站1號出口，步行6分鐘

經過魯蛋茶酒館時，很難不停下來觀看，因為店門口有一體成行的大塊木桌，並附有彎曲河流的迴轉茶，天亮時漂的是3款熱呼呼現泡茶，晚上搖身一變，,以酒代茶，喝的是青梅煮酒，茶為200元，酒則為400元無限暢飲。老闆更將從前放置米糧的倉庫改建為中國風茶酒館，取名為「魯蛋茶酒館」，大門像極了清朝老宅，不僅有許多古董，就連桌椅都具中國風、天花板掛了不少紅色方形燈籠，連酒單設計也走古代書卷紙的老舊風格，販售的調酒特別、親近生活，像是最火紅的12星座酒。

1 從左至右分別為「新歡」、「邀月」、「巨蟹座」。
2 店內的設計古色古香，連窗戶等細節都不放過。
3 曲水流觴每天輪流放3款不同的現泡茶。

1 店內的木頭架都是循環再利用的木板。

2 圖中餐點為無花果冰沙、愛文芒果冰。

3 星蘋果：又稱為牛奶果，吃起來像紅毛丹、荔枝，產地為屏東鹽埔。

豐味果品

在地小農的新鮮獻禮

台北市大同區迪化街一段219號
(02)2557-6763
週一至週五10:00～19:00，週六至週日09:00～19:00
捷運大橋頭站1號出口，步行10分鐘

台灣氣候特別適合水果生長，在國際間受到無數肯定，甚至還有水果王國的美譽。雖如此，卻還是有不少水果專賣店以國外水果做招牌，這樣的現象就像針一般扎在豐味果品老闆心裡，台灣水果價值有目共睹，卻一直沒被重視。因此豐味果品的老闆致力創造台灣水果品牌，堅持引進在地水果逸品，集結全台灣最鮮甜、特別的水果，不僅讓客人能現場品嘗，還販售現打果汁、冰沙及各式水果甜品、果乾，並擁有星蘋果（牛奶果）、紅肉李、有機無花果等特殊水果。同時豐味果品針對每位合作的果農都有大刊版的詳細介紹，將他們的理念與種植哲學用藝廊方式展示，讓所有走進來的客人都能閱讀小農故事。

1 台北人最驕傲的銅板排隊小吃。
2 店面低調卻還是有滿滿排隊人潮。
3 甜甜圈在剛出爐時就會瞬間賣完。

台灣人ㄟ脆皮鮮奶甜甜圈 台北店

記憶中的甜蜜滋味

台北市大同區華陰街183號
(02)2550-9914
11:00～19:30
捷運台北車站M7出口，步行4分鐘

台灣人ㄟ甜甜圈是台北人的驕傲，目前總共2間，一家在晴光市場，另一間在華陰街，雖已開店18年以上，卻依舊人氣不減，無論什麼時間都有滿滿人潮在排隊，就連美國、歐洲遊客都會特地前來購買，往往在排隊買完2個後又再排隊買一大袋，就連不愛吃甜甜圈的我在吃一口後，也重新定義甜甜圈。細心的製作過程是成功的關鍵，具有濃濃鮮奶香味且炸得酥脆的麵皮，才剛起鍋時就裹上特製砂糖，店家細心提醒客人們趁熱享用，脆中帶綿，香甜的滋味讓人念念不忘，尤其是濃醇香濃的鮮奶味獨一無二。除了招牌脆皮鮮奶甜甜圈外，還有多種包餡口味，像是紅豆、芋頭、奶油、起司、咖哩、葡萄奶酥、番薯，每種都深受歡迎。

迪茶創始一號店

主打小農鮮乳台灣好茶

台北市大同區迪化街一段10號1樓
(02)2549-0188
10:00～18:30
捷運大橋頭站1號出口，步行10分鐘

融合迪化街懷舊街道氛圍及文藝清新風格的迪茶，堅持台灣嚴選茶葉，與許多在地茶農合作，並一同研發出特色飲品，每次推出新口味總能看到排隊人潮，不只年輕人喜歡，更深得許多長輩們喜愛。除了台灣茶，也擅長將台灣茶特調創新，像是月老葡萄烏龍、銀耳膠原蛋白晶球茶、百年老可樂都深受歡迎，還有厚黑風黑糖鮮奶、濃厚奶茶控、顏值系炫耀飲系列。當然也有不少特色創意甜品，像是攻佔Instagram版面的「999黃金山丘」融化女孩們的心，在夏季更是熱門消暑聖品，由蜜香紅茶及鮮奶製成的霜淇淋上頭除了撒上金箔，還用四季春茶粉代替抹茶粉，吃起來濃濃奶香且茶味十足。而純奶珍珠聖代、爆米花黑糖茶聖代也獲得不少日本友人喜愛，是最受觀光客歡迎的甜品。

1 懷舊的風格完美融入迪化街，黃綠棕色階超和諧。
2 純奶珍珠聖代：茶香味濃厚、香醇，配上現煮Q彈珍珠，冰涼爽口。
3 黑糖茶凍珍珠鮮奶茶凍：與珍珠的結合超滿足。

Chapter 7 中山區

白晝之夜大不同 巨無霸摩天輪超浪漫

中山區鄰近台北車站，是較早開發的台北城區，區內有許多地標性的建築，像是成立於第 2 次世界大戰後，以宮殿風格聞名的圓山大飯店、知名旅遊景點美麗華百樂園，享有「台版東京台場摩天輪」的美名，是情侶約會首選地，夜晚還會閃閃發光，可以開車到劍南山頂端欣賞摩登的台北夜景，十分漂亮。

熱門景點交通方式

▪ 圓山大飯店－捷運圓山站 1 號出口轉免費接駁車 ▪ 南西商圈－捷運中山站、捷運雙連站 ▪ 晴光商圈－捷運民權西路站

(照片提供/宋宛樺)

1 想要拍頭上有飛機的畫面，需要面向機場，等待回來的飛機。
2 一對父子正在飛機巷內看飛機，孩子不時的指著飛機大笑，這樣的溫馨畫面令人動容。
3 飛機巷上有許多等待飛機的民眾。

飛機巷

最佳近距離賞機之地

- 台北市中山區濱江街180巷
- 24小時
- 捷運行天宮站4號出口，步行17分鐘
- 禁止跨越欄杆、停車在消防通道，建議步行前往或搭乘計程車

飛機巷就位於松山機場旁邊，有許多人都會在看準航班後前來拍攝，無論是正要起飛的飛機，或是剛回來的飛機，拍起來都很震撼。想出國卻沒時間出國的小資女，喜歡各種飛機、戰鬥機的男孩子，都能在這裡找到自己的一片天，不過在拍攝時千萬要注意不要越過欄杆，影響飛安安全，這樣拍下的美美照片才是最好的紀念品。飛機巷內屬消防通道，附近有許多停車位，若是開車前來建議先停好車再走過來，也可以直接停在上引水產停車場，步行過來非常快。接著就可以蓄勢待發，捕捉飛機出現在天際的瞬間啦！

上引水產

活體水產新鮮直送

海鮮市場不再只是築地、黑門市場、歐洲傳統魚市場的專利了，在台北也能吃到活體水產。上引水產透過批發自營、產地直送的模式，將來自世界各地的海鮮活體，提供給業務型與一般消費者，現場有魚體處理與代客烹調服務，價錢公開透明，保證滿意。總共分為10區，除了肥美生蠔、蝦蟹、鮑魚等海鮮拼盤，還有熟食、嚴選肉品，並販售本地蔬果、鮮花及餐具，就連外帶野餐都超適合！

台北市民族東路410巷2弄18號
(02)2508-1268
11:00～23:30
捷運行天宮站4號出口，步行15分鐘

1 同時會看到好幾位師傅在現場料理、處理、包裝海鮮。
2 熟食即時區有許多剛烤好的鮮魚、肉串，另外還有健康便當、蔬菜、湯品。
3 趁新鮮時享用，提供許多站位、座位。

1 展覽中的畫作有大有小，不定期做各類型展出。
2 美術館的外觀建築被許多外媒介紹過。
3 藝術不只呈現於畫布，透過互動式體驗、拍攝，也讓我們成為作品之一。

臺北市立美術館

全台第一座美術館

台北市中山區中山北路三段181號
(02)2595-7656
週二至週日09:30～17:30，週六延長營業時間至20:30，週一休館
捷運圓山站1號出口，步行6分鐘

台北市立美術館因矗立於花博公園美術園區內，創造出建築藝術與自然庭園環境相結合之自然景觀，內部也規劃完整，除了歷年、當期展覽，也時常舉辦主題活動，更有畫家前來與粉絲面對面交流、拍照創下許多話題，同時也有圖書室、視聽室、兒童藝術教育中心、藝術書店及餐飲區等區域。就連美術館內的大廳也上過外國報導，高約15公尺，為3層樓挑高，以懸臂飛廊之形式採「井」字形結體，將傳統建築元素之斗拱堆砌為主體架構，四周牆面設計更使用整片玻璃採光，在黃昏時更有夕陽的橘光直接照射進來，是許多年輕人、畫家和文藝人士假日最愛來的景點之一。

袖珍博物館

歡迎來到小小世界

台北市中山區建國北路一段96號B1
(02)2515-0583
週二至週日10:00～18:00，週一公休
捷運松山南京站4號或5號出口，步行8分鐘

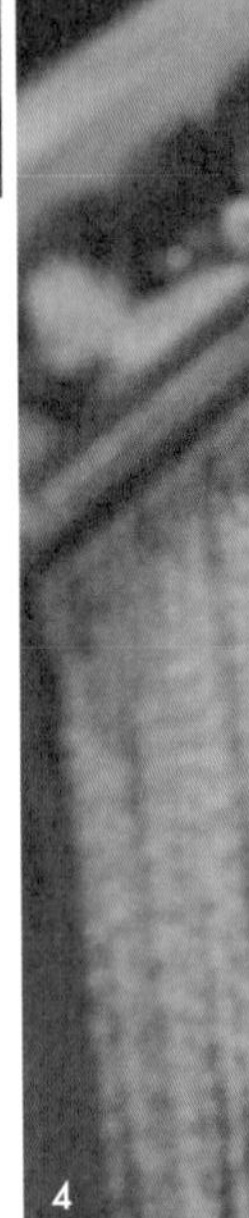

1 所有家具都小巧精緻，每房都有意外驚喜。
2 玫瑰豪宅為本館收藏的第1件大型娃娃屋作品。
3 袖珍博物館還原各國代表建築。
4 夢幻屋盒是將房間縮小在一個盒子中，不同角度皆有發現。

袖珍博物館絕對是最值得來的博物館之一，一般大家對博物館的既定形象就是莊嚴、壯觀、安靜、嚴肅，但實際上袖珍博物館非常有趣，會讓大人小孩都捨不得離開，尤其是平常就熱愛熱高、建築、模型的人。展示的作品約200餘件，主要呈現整座建築內外布置的娃娃屋、各種房間精緻寫照的夢幻屋盒，趣味創意的主題作品等。小巧的藝術品大至建築體，小到書

桌上的鑰匙，都嚴格遵守國際標準比例，微縮成實物的1/12來製作。每個角度都會看到不同的風貌，房子裡的上百個小細節都很用心，就連玻璃檯燈上的小碎片、架上物品的小細節，哪怕是廚房櫥櫃裡的無數刀叉都一一呈現。典藏的作品中細分4大項目，除了娃娃屋、夢幻屋盒還有童話故事及配件，每一個作品都源自不同專業藝術家的嘔心傑作，結合多位作家的精華共同完成。

而其中最受小朋友們喜愛的娃娃屋除了外觀，同時透過每個窗戶都能看到屋內的小細節；而童話故事主題，還能看到灰姑娘、愛麗絲夢遊仙境、皮諾丘等模型，十分有趣。同時博物館也還原了各國代表建築，像是歐洲傳統廣場、榮町商店街、羅馬遺跡、英國皇家閱兵大典，以及高價打造的路易十四的鏡殿。

樹火紀念紙博物館

全台唯一的紙博物館

台北市中山區長安東路二段68號
(02)2507-5535
週一至週六09:30～16:30，週日公休
捷運松山南京站4號出口，步行5分鐘

樹火紀念紙博物館於1995年正式對外開放，在這160坪、4樓的空間裡，以活潑的展示設計和引導，讓在地人、遊客都可以從中了解台灣紙的歷史文物及蒐藏，並進入紙與複合媒材結合的領域，留意生活中我們早已習以為常卻不平凡的紙類小知識。最受歡迎的造紙DIY，讓大家可以攪動著會隨著氣候不同而改變溫度的紙漿和水，交織纖維，做一張專屬於自己的手工紙，另外也提供團體預約熱門的中式線裝手工書、夏日圓滿涼扇DIY。

1 樹火竹院子不定期舉辦各種課程、音樂表演，位於造紙區的旁邊。
2 3樓為常設展區，4樓則是大家最愛的造紙區，所有DIY都在這裡體驗。
3 2樓為樹火特展區，當時的特展入口處需穿越許多白紙，很有意境。

1 哈密瓜蛋糕：好看到捨不得吃，藏了許多水果。

2 葡萄查佛蛋糕：葡萄都已貼心去籽，方便食用。

3 店內簡樸，充滿日式的簡約風格。

LA VIE BONBON

高人氣日系水果蛋糕

- 台北市中山區林森北路644號
- (02)2586-5388
- 11:30～21:00
- 捷運中山國小站 1 號出口，步行10分鐘

這家蛋糕店的玻璃甜點櫃內，擺滿著當日新鮮現做的水果蛋糕，每一款都讓人感到療癒、食指大動。店內走可愛風格，因為是日本人所開的，所以很有日式風。使用嚴選食材，採用日本的鮮奶油、日清製粉的麵粉等原料，主打將鮮奶油、戚風蛋糕及新鮮水果融為一體的水果戚風蛋糕，同時也有鹹食、套餐可以點。最熱門的招牌非哈密瓜蛋糕莫屬，一整顆哈密瓜裡有著層層堆疊而成的蛋糕，切片後呈現令人感動的絕美斷面，吃起來綿密、滑順，吸引不少人特地前來享用。嚴選水果查佛蛋糕系列，除了戚風蛋糕外還搭配果凍、果泥，超有層次又爽口。

樂福銀河鐵道餐廳

全球首座銀河鐵道餐廳

台北市中山區敬業三路123號5樓 (大直ATT)
(02)7706-0800
11:00～22:00
捷運劍南路站3號出口，步行 4 分鐘

樂福銀河鐵道餐廳是一家超適合親子遊玩的餐廳，餐廳內有小火車可以免費搭乘，不只小朋友就連大人也可以一起乘坐，而且還能無限次搭乘。小火車路線超廣直接繞餐廳一整圈，路途中會看到可愛的北極熊公仔，整間店走夢幻銀河系風格，無論是火車站、牆面上都帶有藍色燈光，在設計上非常有科技感，就連火車站的地板也很有風格。同時餐點也不馬虎，顛覆大家對親子餐廳、主題餐廳的印象，支持在地農業每日採買當季蔬果，主打健康、新鮮食材，且未添加任何味精香精的義式料理。也時常推出小小廚師DIY料理課程，適合親子遊玩。

1 愛爾中卷墨魚汁燉飯：魷魚超大一個Q彈入味又新鮮。
2 銀河小火車可以多人乘坐。
3 用燈光營造出的超科技感用餐環境。

1 海鮮派對：有多種豐富的高級海鮮料理。
2 玫瑰松阪豬花：可以單點也能用套餐，口感脆嫩多汁帶有嚼勁。
3 熊熊泡湯的模樣實在太可愛，濃郁的牛奶鍋奶香味十足。

好食多涮涮屋南西店

超浮誇的視覺盛宴

台北市南京西路5-1號B1
(02)2541-1000
11:00～15:30、17:00～22:00，週三公休
捷運中山站3號出口，步行1分鐘

愛吃火鍋的你千萬別錯過好食多涮涮屋，除了必備的網美牛奶熊熊湯塊，還有超漂亮精緻的玫瑰花，上桌時的浮誇乾冰，保證無論是女孩還是男孩都會忍不住拿起手機拍照。以大份量高質感聞名的好食多涮涮屋，對於肉品十分要求，每一份肉上桌都猶如藝術品，油脂分布均勻，有如大理石花紋、不僅肉質綿密還份量十足，3個人點雙人套餐就能吃飽。高人氣雙人份和牛套餐以及浮誇路線的海鮮派對，是最多人選擇的餐點，剛上桌時天使紅蝦、南美白蝦都還在活蹦亂跳，一樣有超奢華大量乾冰像極桌邊秀。除了牛奶鍋有熊熊湯塊，另外還有12種湯鍋，其中包含藥膳養生、東北酸菜白肉、泰式酸辣、韓式泡菜、壽喜燒等人氣鍋。

1 現點現烤，香氣逼人。
2 種類超多除了蔥肉、牛五花、去骨雞腿，也很推薦烤魚、杏包菇、香菇。
3 醬汁高達3種，其中最推薦和風焦糖口味。

柒串燒屋 長安店

串燒最便宜只要 15 元

- 台北市中山區長安東路1段46號之1
- (02)2567-2770
- 17:30～02:00
- 捷運善導寺站6號出口，步行7分鐘

喜歡吃居酒屋、又害怕榨乾荷包的人不用再擔心了，史上最便宜的串燒店就在這裡，最便宜的串燒只需要銅板價15元！點餐方式很特別，可以自由填寫口味，與其它串燒店不同口味高達3種，分別為和風焦糖、經典椒鹽、德州風味。除了拿單子點餐，也可以自己去冰櫃拿取想要的串燒。不吃牛或豬的朋友也不用擔心，竹籤底部有用顏色分種類，不怕搞混，除了肉品外，也很推薦超大隻的天使大紅蝦、經濟實惠的百頁豆腐。若是不知道該點哪種醬料可詢問店員，店員會根據食材推薦口味。店內氣氛十分熱鬧，還會轉播體育球賽實況，每當重要賽季時，都會有許多體育迷來此聚餐，為喜歡的球隊、球星加油，此外酒也相當便宜，種類多種提供給愛喝水果酒、啤酒的客人。

老鬼乾麵

泰川創意乾拌麵

台北市中山區中山北路二段93巷21號
(02)2100-2223
週一至週四11:00～14:00、17:00～22:00，（週五晚上延至23:00，週六至21:00），週日公休
捷運中山國小站2號出口，步行6分鐘

這家乾拌麵是在地人最愛吃的麵店，除了保有台式原本的拌麵精髓，還融入了泰式及川式料理手法，不只將泰式料理的打拋肉融入變成乾麵，甚至在麻辣肉醬添加了皮蛋，使風味更加甘醇，就連番茄醬也能拌麵酸香口感讓人口水直流。能如此好吃的祕訣除了使用當天現宰豬、豳油滴下去，搭配滿滿洋蔥，最重要的，是火侯的恰當控制。除了招牌老鬼乾麵，同樣高人氣的還有番茄肉醬麵、打拋肉醬麵、泡菜肉絲拌麵，全都百元有找，我個人也很推薦湯品、老皮嫩肉豆腐、酥炸雞塊，全都非常好吃。湯品最多人點的是剝皮辣椒雞湯，其它還有山藥排骨雞湯、人蔘雞湯、香菇雞湯。

1 老鬼乾麵雖為小店，卻有著讓你吃一口就入魂的魅力。

2 番茄肉醬麵：與番茄拌炒的肉，吃起來香甜濃郁。

3 所有拌麵料都很足，無論醬汁、配料都為老闆親自調製、研發。

老上海生煎

輕咬噴汁太銷魂

- 台北市中山區中山北路一段105巷4-9號
- (02)2537-5103
- 12:00～19:30，週日公休
- 捷運中山站2號出口，步行約6分鐘

輕咬一口就會噴汁，像極巨大版小籠包的「老上海生煎」，老闆除了曾赴上海拜師學藝，還將正宗上海香醋帶回台灣，所有食材全都堅持當天新鮮進貨，光是肉就用了10幾種食材調味，就連湯汁也都熬煮1天以上，麵皮也以「不發酵」的方式手工製作。現包現煎，形狀像花朵一樣，將收口向下慢火煎成金黃色，在快起鍋前撒上滿滿芝麻和蔥花，最後再撒上些水，小小悶煮後起鍋，往往1分鐘內就賣完，是中山區最高人氣的小吃。

1 建議吃的時候先輕咬把湯汁全吸光後再沾醋。
2 生煎包顏色超漂亮，翻到背面呈金黃色吃起來酥脆好吃。
3 就連醬料都十分道地。

2

3

1 與家人一起吃飯超溫馨，除了多種招牌菜，就連白飯也能換成滷肉飯。

2 古早味滷豬腳：富有滿滿膠質，滷得入味濃郁，非常好下飯。

丰禾日麗台式小館

大菜小做，濃濃道地台灣味

台北市中山區南京東路二段146號2樓
(02)2507-6808
11:30～14:30、17:30～21:30
捷運南京松江站5號出口，步行2分鐘

一進入餐廳，從擺設開始就有濃厚民國60、70年代風格，不但使用磨石子地板、窗花，就連燈也挑選奶油燈，紅色辦桌看起來也十分喜氣，連桌上的碗筷也別有用心，全都是記憶中最熟悉的場景。餐點不但充滿台灣味，還秉持珍惜大地產物、善用農作物的精神，將食物化為一道道豐富的佳餚，不但有功夫手路菜、南北地方菜甚至還有酒家菜及辦桌菜，演繹出的獨特台式美味著實讓人印象深刻，每份餐點經適宜的調味後，醞釀出最傳統回憶中的美好滋味，絕對是長輩們、家族聚餐首選。餐點上超多樣，除了招牌料理功夫芋泥雞、蒜泥炙燒美人腿、古早味白菜滷、古早味滷豬腳、糖醋鱸魚為必點招牌菜外，還特別將紅燒虎掌、蒜蓉蒸蝦、府城肉燥芋糕等料理大菜小做，讓客人在餐點上有多樣選擇。

Yellow Lemon

西點與港點的完美邂逅

台北市中山區明水路561號1樓
(02) 2533-3567
09:00～18:00
捷運大直站3號出口，步行約8分鐘

1 美國肋眼牛排佐時蔬、煙熏櫻桃鴨義大利麵皆為招牌菜。
2 鋪上超多鮭魚卵，像紅寶石般閃閃發光，中間蟹肉飽滿下足成本。
3 蒸籠Bao：由西點變化的超擬真港點。
4 主廚桌邊驚喜野餐：以分子料理呈現，讓女孩們想野餐不必曬太陽。

Yellow Lemon對我而言是一間承載重要回憶和故事的店，好幾年前，我曾為前男友訂製了1個喬丹鞋蛋糕，當時還拿出我們的喬丹情侶鞋和蛋糕拍照，不僅外觀一模一樣就連比例都相同，留下深刻美好的回憶。第2次來訪時與最好朋友來這吃下午茶，當時的主廚以甜點作畫，從淋醬開始就是一門藝術，在那時造成轟動的分子桌邊甜點，徹底打響了知名度，尤其現任甜點主廚Chiu設計的「蒸籠Bao」雙人下午茶套餐，看似一般

港式小點，實質卻由甜點製成，超擬真的炸芋丸、包子、春捲、糯米球與油條話題十足，每口都是驚喜，更附贈一壺熱茶，還原度超高。而「主廚桌邊驚喜野餐」不僅還原了野餐必備的大草原、桌巾、水果，甚至還將各項招牌甜點融入，像是「這是一顆鹹的馬卡龍」將黑胡椒馬卡龍擠上檸檬美乃滋，再夾滿滿蟹肉並用鮭魚卵鋪在上面，回味無窮令人驚豔。從早午餐、沙拉、三明治、排餐、義大利麵甚至到飲品、酒單，各個款式多樣、精緻典雅，若想來場浪漫約會，Yellow Lemon絕對是首選之一，不僅浪漫滿分還超貼心，女孩們肯定超愛。

平常喜愛定做立體蛋糕、糖霜蛋糕的朋友們，Yellow Lemon也提供客製蛋糕的服務哦！

RAW

世界級的視覺饗宴

台北市中山區樂群三路301號
(02) 8501-5800
11:30～14:30、18:00～22:00 ，週一至週二公休
捷運劍南路站3號出口，步行8分鐘

照片提供／RAW

1 用湯圓和松露奶油醬做出台版麵疙瘩意外蹦出太妃糖香氣。
2 用餐完畢與知名主廚江振誠合照。
3 可在著名打卡景點「雲朵」面前拍照，留下美好回憶。
4 運用西谷米外皮包覆法式傳統肉派烹調手法製作的RAW版「肉圓」。

來到主廚江振誠André的餐廳，哪個女孩不感動不開心的？曾被《Elite Traveler》選為全球「未來10年15個最具影響力的廚師」、亞洲50最佳餐廳終身成就獎；成為史上橫跨米其林、世界50大及全球百大名廚榜的唯一華人。精湛的廚藝與獨特的用餐氛圍，為料理注入人文精神和藝術內涵，被譽為料理哲學家。而江主廚在2014年送給了家鄉台灣一個禮物—— RAW，邀請曾在多位世界名廚近身學習的主廚黃以倫Alain，一起

將在地食材帶上餐桌打造「全新台灣美食視野」。RAW每一季的主題、菜色都不同；每套菜單適合的調酒、飲品也不同，若想給女孩浪漫驚喜，點份「NON-ALCHOLIC PAIRING」是最棒的選擇，與餐點完美結合不僅提味還增添層次。從菜單外觀到菜色設計，都結合當季主題遵循24節氣中生機盎然的豐富食材，像是訴說故事般完美鋪成、相互呼應。除此之外，店內設計更是一氣呵成，運用南方松設計的流暢線條從入口引道至用餐區，這樣看似「雲朵」的設計也成為RAW的一大特色，整體氣氛一百分，保證不僅贏得女孩子的心，也讓你終身難忘。

Raw是全台最難約的餐廳，無論假日或平日總是高朋滿座，建議至少提前1個月預約。

Chapter 8 大安區

文教氣息濃厚 商圈多樣超熱鬧

大安區為市中心之一，除了熱鬧商業繁盛的公館、流行服飾聞名的師大商圈，還有許多特色店鋪藏身於巷弄；最廣為人知的就是擁有眾多美食、文創商店的永康商圈，近年來不僅人潮愈來愈多，更被日本觀光網站票選為「台灣最特色巷弄第一名」；除了各大商圈，「都市之肺」之稱的大安森林公園也位於大安區，是孩子們假日的休閒好去處。

熱門景點交通方式

- 師大商圈－捷運台電大樓站
- 公館商圈－捷運公館站
- 永康商圈－捷運東門站
- 臨江街觀光夜市－捷運信義安和站

1 每家店都裝潢得很有特色，其中包含紛絲數高達4萬的「KOUZOU」服飾店。
2 「避難所」是我收藏已久的店家，主要提供義式料理。
3 手機殼專賣店出奇招，在櫥窗擺出一系列收藏玩具，成功吸引遊客目光。

師大商圈

年輕人挖寶好去處

- 台北市大安區師大路39巷
- 0901-111-319
- 週一至週五16:00～23:00，週六至週日16:00～24:00
- 捷運台電大樓站3號出口，步行5分鐘

師大商圈最有名的是流行服飾、包包、小物件、帽子，以女性客群為主，所有最新潮流都在這裡，也有很多特色剪髮店、甜點專賣店，許多知名網購服飾店在這裡直營，店面都裝飾得很有風格，新品一上市總是都被搶得精光。來這裡除了可以逛街、挖寶買衣服，還能穿梭在各個小巷中，尋找隱密的特色小店，總是會有意想不到的小驚喜。其中夜市內最有名小吃為滷味，一旁還有排隊美食許記生煎包可以搭配，同時夜市內也有很多異國料理、特色甜品供選擇。

大安森林公園

都市之肺

◉ 台北市大安區新生南路二段1號
◉ (02)2700-3830
◉ 24小時
◉ 捷運大安森林公園站1號出口，步行1分鐘

有著「都市之肺」之稱的大安森林公園，面積足足有26公頃之大，是座「都市森林」型態的公園，花草樹木眾多，不同的季節都有不一樣的面貌，除了可以在公園內散散步、賞花、野餐，還有許多設施可以娛樂。像是位於正中央可提供900人聚集的巨大音樂台，偶爾會有樂團來表演；而兒童遊戲運動場則是小朋友最愛去的地方，設施不定時做更新，愈來愈豐富，甚至職業級體操選手也常來這裡使用欄杆練習、國手在這邊跑步訓練心肺，小朋友也常來這溜直排輪。現在園區的主出入口廣場結合佛像雕塑區及往南之竹林區連成的特色園景，是許多遊客最愛拍照的景點，同時公園西北側的自然水池，面積達0.7公頃，池中錦鯉魚嬉游其間，常常吸引遊客駐足池邊欣賞。

1

1 公園內有許多松鼠，很多攝影師會特別來這拍小動物。
2 適合度過一整個下午，享受快樂親子時光。

3

1 成品都非常精緻，做完的蛋糕皆會免費包裝。
2 所有的廚具，碗盤、刮刀、計時器都有許多顏色，讓大家自由選擇。
3 蛋糕品項多樣，人人都能當烘焙高手。

易烘焙 DIY EZbaking 信義店

用平板教學的手作蛋糕

- 台北市大安區信義路四段265巷5弄3號
- 0984-345-347
- 09:30～21:30
- 捷運信義安和站5號出口，步行2分鐘
- 同行者若無消費，需低消99元茶水費

易烘焙的價格在蛋糕DIY中是很便宜的，因為除了蛋糕以外還有其它的小點心，像是瑪德蓮、費南雪系列一次做10個，花費不到400元，還有免費茶水可以享用，包含所有包裝、製作材料、蠟燭。使用平板教學，讓從來沒有經驗的人，也能成為烘焙高手，失敗率近於零，就連沒做過蛋糕的我，也能做出如同專櫃百貨裡的精緻蛋糕。易烘焙的設備非常齊全，圍裙、廚具都十分可愛，攪拌機一字排開，也有多種顏色，還有各個形狀和大小不同的模具。選好蛋糕後，就可以準備材料，包含廚具名稱、如何使用電子秤、計時器、烤箱及攪拌機和烤箱都有詳細介紹，輕輕鬆鬆就能做出心目中具有溫度的手作蛋糕。

白水豆花 台北永康店

融合山與海的豆花

台北市大安區永康街31巷9號1樓
(02)2392-6707
14:00~21:00，週四公休
捷運東門站5號出口，步行4分鐘

白水豆花用傳統及創新的手法融合泉水、有機黃豆、深層海水製成，豆花製程需整整8小時，特別的地方在於「堅持」，這間豆花店擁有的態度，是將台灣在地山與海的微量元素和礦物質融合做成一碗傳統甜點。他們非但使用在地食材，還挑選無農藥、無化學肥料、不破壞土地種植方法的有機認證黃豆，甚至豆漿也是使用宜蘭雪山新鮮湧泉製成，並以遵循古法直火煮漿的方式，掌握豆漿的濃度與溫度，最後加入東岸太平洋深層海水（鹽滷）作為天然凝固劑，不使用石膏快速大量製作豆花，讓許多客人深受感動。

1 每碗豆花都會撒上花生麥芽糖粉，搭配有機香菜，淋上手炒蜜香黑糖水。
2 總共3款，為麥芽糖花生、麥芽糖花生粉圓、麥芽糖花生桃膠豆花。
3 店鋪結合傳統台式聚落和日式老建築氛圍。

1 流沙紫薯芋泥冰：沿著刨冰淋下厚厚一層綿密十足的雲林紫薯和大甲芋頭。
2 蜜糖吐司系列必點大甲芋泥、伯爵紅茶芋泥。
3 芒果濃鮮奶酪：以分子料理方式製作出像蛋黃的視覺效果。

JINJIN 金金良甜

山坡造型創意冰品

- 台北市大安區麗水街7巷11號
- (02)2393-9990
- 週二至週日13:00～22:00（週六12:00開始營業），週一公休
- 捷運東門站5號出口，步行5分鐘

「JINJIN金金良甜」採用台灣最引以為傲的芋圓、地瓜圓、白玉珍珠、湯圓、芋頭、關西嫩仙草、花生等食材，還多了蜜吐司系列，研發的伯爵紅茶芋泥、大甲奶油芋泥口味，更讓店家在開創不久後就有超大知名度。而有著「山坡造型」的招牌刨冰更是話題性十足，搭配雲林紫薯、大甲芋頭、鐵觀音珍珠奶茶、香草鳳梨萊姆酒、鹽埕冬瓜柚香檸檬等淋醬，不但吃過的老饕都說讚，就連回流客也超級多。店內販售的百年茶莊茶葉手泡台灣茶、無添加色素獨特調製的微氣泡飲、鮮奶飲品詢問度也很高，夏日限定的手洗阿里山愛玉系列，也是高人氣品項。

安東街彰化肉圓

地表最強肉圓攤

- 台北市大安區安東街35巷4之1號
- (02)2752-1428
- 週一至週六15:30～18:30，週日公休（售完即提早收店）
- 捷運忠孝復興站1號出口，步行約4分鐘

有「東區地表最強小吃攤」美譽的安東街彰化肉圓光是排隊就排半小時，3點半才開賣，直到賣完為止只有2小時～3小時半營業時間，因而也有「黃金3小時肉圓」稱號。安東街彰化肉圓先蒸後煮，皮超滑嫩Q彈，內餡中的肉還事先醃過，加入滿滿筍絲，熱呼呼裝盤後便會淋上特調粉紅甜醬、蒜蓉醬油膏2種醬汁，若是喜歡吃辣還可自由添加自製辣醬，拌著吃超入味，吃完還可免費要清湯。肉圓分為大小碗，分別為2顆和1顆，除了肉圓還有紮實魚丸湯供選擇。

1 Q彈軟嫩的外皮，配上醃過的瘦肉及筍絲。

2 淋上大量特製粉紅甜醬、蒜蓉醬油，再加上滿滿的香菜。

3 人多到老闆的手都停不下來。

1 蘿蔔絲餅比起豆沙餅較厚、大，豆沙餅同樣也炸得金黃。
2 放入大量蘿蔔絲下足成本，現擀、現包、現炸。

溫州街
蘿蔔絲餅達人

古早味的銅板美食

台北市大安區和平東路一段186之1號
(02)2369-5649
週一至週六07:00～20:00，週日公休（售完即提早收店）
捷運古亭站9號出口，步行約10分鐘

我是一個很討厭吃紅蘿蔔的人，對於白蘿蔔也一向沒好感，從小到大能避則避，從不主動去吃，直到陸續收到其它親朋好友推薦，才讓我開始對這家店好奇起來，原以為是連鎖餐廳，因為周圍朋友都有吃過，就連台南、高雄的南部朋友也十分推薦，但後來發現其實是一家飄香40年，白手起家，從原本1坪小店轉變為店面，日賣1000個蘿蔔絲餅的人氣小吃店，原本抱持懷疑、害怕的心態去排隊，但最後居然一吃成主顧，它的招牌蘿蔔絲餅，完全顛覆蘿蔔在我心中的認知，原來蘿蔔居然會噴汁，還會有甜度。除了招牌蘿蔔絲餅，還販售招牌豆沙餅、蔥油餅、蛋餅，大老遠就能聞到香味，排隊人潮也總是絡繹不絕，每一次去都看到老闆、老闆娘忙到手都沒停不下來，從擀麵皮、包料到進鍋油炸，每一個步驟都十分細心，是一家道地傳統的銅板價平民小吃。

1 眾多餐點供選擇，均可加點帶骨香腸，紮實Q彈、脆中帶勁！

2 丼歐姆飯系列的日式醬燒、經典糖醋味道鮮明超下飯。

3 雙醬歐姆蛋超適合與朋友一起分享，醬料彼此混搭也不失風味。

陸角 Omurice

雙醬歐姆蛋，一吃就愛上

台北市大安區和平東路三段228巷9號
(02)8732-5911
11:00～14:30，17:00～21:00
捷運六張犁站出口，步行5分鐘

這間歐姆蛋專賣店，不只有著玫瑰花瓣螺旋造型，半熟口感的歐姆蛋更是饕客們的最愛，它們家的醬汁，不但採用本地新鮮食材，還足足有南瓜醬、番茄牛肉醬、星馬喇沙醬、泰式綠咖哩、奶油巧達醬、季節限定醬6種口味，全都是當天熬煮而成，一道餐點就能選2種不同的醬做搭配，雙醬的招牌歐姆蛋，讓有選擇障礙的朋友也不用再擔心。招牌歐姆蛋，不只醬料淋上熱騰騰會冒煙，就連選用的食材從花蓮玉里產的香米、特選雞蛋到香料都超細心，除了醬料濃郁具特色風味，主食也供客人做選擇，分別為全牛肉製作的手工漢堡排及軟嫩的去骨雞腿肉，兩者都具有超高人氣。

御品元冰火湯圓台北總店

美到有仙氣的湯圓

台北市大安區通化街39巷50弄31號
0955-861-816
週一至週五18:00～24:00，週六至週日17:30～24:00
捷運信義安和站3號出口，步行7分鐘

冰火湯圓是臨江街夜市的鎮市之寶，清涼的冰配上手工製作的熱湯圓，上桌時冷熱交接冒著白煙，因有「仙氣湯圓」的稱號。實際走訪了3次，第1次去吃，在事後才知道桂花蜜可自由添加，第2次來訪時，才終於知道為何這家的湯圓能獲得必比登米其林的美譽。店家製作餐點的速度很快，坐下才3分鐘便已上齊，除了桂花湯圓外，酒釀加蛋湯圓也是必點，自釀的甜酒加上蛋花、手工湯圓，不少饕客就愛這味，更別說招牌「冰桂花綜合湯圓」了，咬下湯圓後滿滿的芝麻、花生醬流出，熱騰騰軟Q湯圓加上沁涼爽口的清冰，還有獨家私釀的桂花蜜加到爽，創新又秉持傳統的精神，是間值得一訪再訪，細細品嘗的甜品店。

1 浮誇系仙氣湯圓，美的發泡。
2 獨家私釀的桂花蜜可以讓客人自由添加。
3 現場製作手工湯圓。

聚落山海

台灣道地素食料理

台北市大安區永康街31巷9號
(02)2392-6707
週一至週四12:00～20:30（週五延長至21:30），週六10:30～21:30，週日10:30～20:30
捷運東門站5號出口，步行4分鐘

1 五行紅燒茶麵：吃法跟日式沾麵很像，層次細膩。
2 店面古色古香，別有風味。
3 台東深焙紅烏龍：以慢烘深焙的方式包覆茶韻，有一絲酸甘蜜餞之味。
4 台灣茶香飯：台灣味的茶湯炊飯，其它地方吃不到。

以茶入餐發揮台灣原始精神，茶葉蛋使用了貨真價實的北埔紅茶與紅水烏龍輪流料理，在遴選雞蛋、調配獨門滷包、茶葉上都下足了功夫。每次去點不同的茶，都覺得茶香入味且回甘，除了本身就愛台灣茶的長輩們，就連年輕的朋友們也喜歡坐下歇息並品嘗小點，更別提素食者們對茶料理一見鍾情，讓「聚落山海」成為永康街屹立不搖的茶料理餐廳指標。而主打的3樣主食都以茶葉為發想，同時台灣茶也傳承了在地飲食文化

精神，因此許多外國人慕名前來用餐，親自感受山與海的健康茶料理。每份茶餐使用的全都是台灣在地農產品，主菜會有野菜時蔬豆腐，全都選自當季時蔬。而主餐分別有碧螺春綠茶做成的若醬拌茶麵、烏龍茶底的五行紅燒茶麵、使用茶湯炊飯，做成日本人超愛的台灣茶香飯，配上手工酥香炸豆包、院子茶葉蛋、美人湯、清香茶果凍等組合，令品嘗過的人久久無法忘懷。喝了生態茶再搭配台灣百年糕點翠玉綠豆糕、米香黑糖、鳳眼糕簡直是最佳享受，而無花果芋泥糕綿密又搭配特製無花果醬，讓不敢吃芋頭的朋友也讚不絕口，最特別的是他們家的吸管居然是環保甘蔗吸管，也販售許多台灣茶葉、茶器茶具，來到永康街千萬別錯過！

NOTE-In house

爵士樂迷最愛的美食餐廳

台北市大安區光復南路578號
(02) 2325-8226
週日至週四11:30～22:00，週五至週六11:30～23:00
捷運信義安和站5號出口，步行7分鐘
每週五不定期會有爵士樂表演

叢林系複合式餐廳，in hosue旗下新品牌NOTE，每週五不定期有爵士樂表演，還有無國界美食及15年烘豆師精彩淬煉出的美味咖啡，是上班族最愛來的餐廳之一，熱愛爵士樂的朋友也常來聚會用餐。主打無國界美食和精緻咖啡飲品，價錢便宜，卻有著和飯店一樣高水準擺盤、食材，就連牛排也只要300多元，許多知名人士都愛在這辦發布會，不僅燈光美、氣氛佳，菜色也多樣，光是高人氣餐點就有綜合海鮮與海膽燉飯、香煎蟹肉甜蝦卵奶油圓麵、香煎墨魚香蒜辣椒義大利麵。

1 店內風格舒適愜意，有叢林的氛圍。
2 最高單價的爐烤黑松露美國特選牛肩也只要310元。
3 高CP值餐點是小資女約會的最愛，餐點平均只要台幣250左右。

1 餐盤精緻，就連南義煎烤海鱸魚佐家庭式洋芋也只需320元。

2 手沖咖啡是最佳伴手禮，外國朋友都一次買好幾盒。

3 絕佳採光的玻璃屋配叢林系風格，每處都好拍。

Angel Cafe

置身叢林玻璃屋喝咖啡

台北市大安區永康街18號
(02)3343-3533
11:00～22:00
捷運東門站5號出口，步行5分鐘

永康商圈最有名的玻璃屋叢林系咖啡廳就是這家，用大量的植物裝飾，一入門就有陽光照射進來。座位風格多樣，就連桌子也分木質和大理石，最裡面的座位走藝術風格，大膽的椅子設計和鏡子反射，吸引不少人拍照打卡。在餐點上也很細心，走平價、視覺系風格，主打手沖咖啡且各有特色，光是「美式咖啡GUATEMALA」就別於一般咖啡廳，自帶柑橘風味且帶有堅果香氣，十分特別，另外還有黑巧克力調口感厚實餘韻綿長的「曼特寧SUMATRA」、萊姆莓果香氣溫和平衡的「耶加雪菲ETHIOPIA」。必點餐點為明太子蟹肉奶油細扁麵、嫩煎雞排老酒義大利麵、南義煎烤海鱸魚佐家庭式洋芋。

木易子食所
Mood Easy

西瓜果昔聖代已是國際招牌

台北市大安區復興南路一段295巷14號1樓
(02)2700-7369
週一至週六12:00～20:00，週日12:00～18:00，週三公休
捷運捷運大安站6號出口，步行3分鐘

在日本紅翻天的木易子食所，可以說是台灣的驕傲！台灣他們家的招牌果昔聖代，不但有著「西瓜」外型，底層還有手工奶酪和抹茶凍，這樣的驚奇感讓日本人直呼「卡哇伊」，在許多日本雜誌上也有介紹。除了許多特色甜點及台灣少見，吃起來像熱過的馬卡龍「帕芙若娃」系列，木易子也提供不少輕食，像是印度香料雞墨西哥薄餅、泰式打拋豬飯等，餐點都是人氣招牌。除了朋友聚會也超適合帶喜歡的女孩子去，容易留下深刻印象，鹹甜餐點都有不怕NG。

1 完全不辣的泰式打拋豬飯和濃郁的印度香料雞墨西哥薄餅。
2 超可愛水果戚風、草莓巧克力帕芙若娃、焦糖布丁、草莓巧克力蛋糕捲。
3 人氣招牌果昔聖代，有鳳梨百香果及西瓜2種口味。

1 刈包必點酥炸軟殼蟹太陽蛋佐塔塔醬、蔥爆燒烤美國極黑牛佐奶油腐乳醬、香草冰淇淋佐干邑橙酒蜜蘋果。

2 文青風的咖啡廳配上亮眼的花瓷磚吧台空間寬敞又舒適。

3 Kezuo法式鮮蝦煎餅：台式蚵仔煎與法式薄餅的獨家組合。

KE ZUO 客坐

花瓷磚吧台超吸睛

- 台北市大安區連雲街74巷8號
- (02)2321-8558
- 週二至週日12:00～20:00，週一公休
- 捷運東門站7號出口，步行1分鐘

如果你還在偶爾苦惱晚餐吃什麼，該吃義式、法式還是中式料理的話，絕對不能錯過藏身於巷弄，在美食創新上發揮大膽突破精神，將台式刈包與法義式料理結合，並運用台灣食材搭配手工醬汁的「KE ZUO客坐」。刈包不但層層堆疊料滿實在，豐富層次味蕾的細膩口感更是令人讚不絕口，傳統與創新的完美搭配讓各國客人紛紛愛上。除了招牌創意刈包以外，主廚也發揮台灣在地人的精神，將著名台式小吃蚵仔煎與法式薄餅搭配，運用台灣食材、創新手法，征服每位客人的心，連甜點類的麵茶、紅豆都是自家烘焙。

1 馬卡龍漢堡天團：除了珍珠美人魚漢堡，還有粉紅豬古力、紫霧森林王子及草原一隻鷹漢堡。
2 菜色多樣化，適合與朋友、家人一同享用。
3 台灣啤酒酸奶炒蛤蠣，蛤蜊飽滿多汁。

黑熊愛跳舞 Moon Bear Loves Dancing

結合在地食材的馬卡龍漢堡

- 台北市大安區基隆路二段225號
- (02)8732-8980
- 11:30～14:30、17:30～21:30，週五至週六延長至22:00
- 捷運六張犁站出口，步行3分鐘

若要我選最推薦的漢堡店，那就是擁有色彩繽紛馬卡龍漢堡，選用天然食材的「黑熊愛跳舞」莫屬。不僅以「西餐為體，台菜為用」更選用不少台灣優質食材，就連台啤、金門高粱都能通通入菜，還有台南最驕傲的愛文芒果、台南11號米，及來自高雄溫淳微辣的岡山豆瓣醬，呈現物盡其用的生活態度；就連馬卡龍漢堡的麵包也使用天然食材染色，選用抹茶、蔓越莓、紫心地瓜、藍藻等食材，除了擁有高人氣，還吸引不少外國朋友前來朝聖。

成真咖啡 永康店

簡單的咖啡，讓世界更美好

台北市大安區永康街37巷6號
(02)2358-2826
週一至週五11:00～21:00，週六至週日10:00～21:00
捷運東門站4號出口，步行10分鐘

「成真咖啡」是家非常熱衷公益、用料實在，使世界更美好的咖啡廳，有許多創意招牌飲品，像是高人氣的「花樣瑰蜜」，一出場就讓人驚豔，使用玫瑰、荔枝、花茶和咖啡組成，下層還有冷燻法製成的玫瑰香氛，上桌時還冒出大量乾冰，是我每次來必點的飲料；甜點部分，「熔岩焦香布蕾舒芙蕾」無論淋醬、杏仁瓦片、脆球都為手工製作，同樣為必點招牌；而主食的彩虹飯，運用多種季節食蔬搭配中卷、鯖魚，同樣好吃到一口接著一口，除了餐點用心，「成真咖啡」也將獲利的50%捐助給「非洲潔淨水計劃」，改善當地衛生環境，這樣的公益善舉，讓人佩服，也因此想介紹它給大家認識。

1 熔岩焦香布蕾舒芙蕾厚鬆餅：使用義大利進口起司煎製厚鬆餅，為招牌甜點。
2 不同季節會推出當季限定餐點，屬芒果、草莓口味的舒芙蕾最受歡迎。
3 彩虹飯使用彰化二林的馥米，配上薑黃、紅麴、紅藜麥，搭配健康蔬果。

Chapter 9 士林區

近 70 萬古物收藏 庶名美食起源地

士林區不僅擁有全台夜市打卡次數最多的士林夜市，夜市內還藏有各種道地小吃；隸屬士林區的「天母」也因 4 所外僑學校坐落其中，假日不僅有二手市集，巷弄還藏有多種異國美食；其中最廣為人知的，非擁有 70 萬件古物的「故宮博物院」莫屬了，從長篇銘文的青銅器到古代早期的名家書畫等多類型豐富蒐藏，是旅客們必來參訪的景點。

熱門景點交通方式

- 士林觀光夜市－捷運劍潭站 1 號出口 ▪ 故宮博物院－捷運士林站 1 號下車，轉乘紅 30
- 台北兒童新樂園－捷運劍潭站 3 號出口，轉搭公車 41、紅 30、兒樂 2 號線

1 園區內彷彿時間回溯，來到清、明時期。
2 不定期有盆栽課程、DIY及配盆換土活動。
3 盆栽藝術是將大自然景觀縮成小小容器的裝置藝術，每一個作品都有張力，形狀、特色皆不同。

紫園 Amy Liang Bonsai Museum

都市裡的桃花源

台北市士林區天母東路107巷17號
(02) 2876-0063
需在臉書預約，預約完成獲得邀請函才能拜訪

超隱密需要邀請函才能進入，只有在特定時間才開放的「紫園」梁悅美盆栽文物藝術館，由國畫大師張大千親筆提名，名字由來除了館內種滿紫藤、巴西牡丹、紫色薰衣草、百盆紫蘭花，最特別的原因就是張大千大師和館長都同樣喜歡紫色。園區內有茂盛的闊葉、挺拔的竹林、百盆蘭花及200顆古代藝術石雕，更別提還有大、中、小台灣120種以上不同的樹種，千姿百態的500棵珍貴盆栽。在賞園中還能賞萬紫千紅的花草果樹、瀑布及百條錦鯉魚。

天母生活市集

假日限定二手市集

台北市士林區中山北路七段與天母西路交叉路口
(02)2876-1189
週五至週六16:00～22:00，週日15:00～21:00，週一至週四公休
捷運石牌站1號出口，搭乘紅12、紅15號公車於「天母廣場」、「三玉宮」站下車，步行1分鐘

天母假日最熱鬧的地方，絕對是天母生活市集！不僅販售許多生活用品，還有很多二手衣物、文創商品，每一次都會由不同老闆來擺攤，所以就算每個禮拜逛也絕對不會逛膩。如果你很喜歡挖寶，又是省吃儉用的小資族，非常推薦你來逛逛市集，因為在市集裡有很多沒使用過、全新包裝的餐具、家具、燈具，而且平均只需要50元。許多二手商品也都能一袋裝好幾10個，100元有找，也有許多8成新、有質感的漂亮衣服、飾品，在這裡除了二手攤位，還有很多文創商品、手工小點心，是假日必逛的市集。

1 衣服、茶具在這裡都買得到。
2 分為街頭藝人、創意市集、跳蚤二手區，其中創意市集的老闆們都會自己帶桌子來擺攤。
3 最熱門的二手區，總是人潮最多的地方，大多都以地攤方式呈現。

1 故宮博物院為台灣8景之一，是台灣最具規模的博物館。
2 紀念品專區屬迷你瓷器系列最受歡迎。

國立故宮博物院

人文薈萃的世界級博物院

台北市士林區至善路二段221號
(02)6610-3600
週二至週日09:00～17:00，週一公休
捷運士林站1號出口，搭乘紅30、小18、小19、255、300、304、815於「故宮博物院」站下車，步行1分鐘

故宮博物院是台灣必去的景點，收藏的文物珍寶是舉世聞名的文化資產，從帝王收藏到全民共有，年代幾乎囊括了整個中華文化5000餘年未曾中斷的歷史，在世界文明史上獨一無二。1年可接待超過614萬人次的參訪旅客，曾位列2015年全球參觀人數第6多的藝術博物館，博物院內60多萬件收藏品中，大多數是昔日中國皇室的收集品，皇室的收藏則始自1000多年前的宋朝。收藏品大致可分為青銅器、書畫、陶瓷器、圖書典籍、工藝品和宮廷類文物等，最知名的3大珍寶分別為翠玉白菜、東坡肉形石、毛公鼎，就連飾演《惡棍英雄：死侍》男主角的好萊塢大明星萊恩雷諾斯都曾特地來訪，在參觀完還因太驚豔而在社群媒體發文，發布不到3小時就有5萬人按讚，一度登上熱搜。

兒童新樂園

共融式親水遊樂場

台北市士林區承德路5段55號
(02)2833-3823
週一至週五09:00～17:00，週六營業時間延長至20:00，週日延長至18:00
捷運劍潭站3號出口，搭乘41、紅30、兒樂2號線公車於「兒童新樂園」站下車，步行1分鐘

兒童新樂園在2020年7月時新增的共融式親水遊樂場，為兒童新樂園裡的「小小水樂園」，在剛開幕時就湧入許多民眾搶先體驗。此外園區內的13項大型遊樂設施都能使用悠遊卡，以單項單趟計費，若是想要體驗所有設施，可以選擇購買1日票。熱門的設施除了有刺激的海盜船、雲霄飛車、晚上會發光的摩天輪、遊園列車銀河號單軌列車，還有有著海洋生物造型的旋轉木馬海洋總動員，以及女孩們最愛拍照的景點，星球造型的宇宙迴旋，園區內也有兒童劇場、美食區。

1 園內隨處都好拍。
2 最刺激的遊樂設施海盜船就位於入口不遠處。
3 兒童新樂園在夏天也能玩水，新增了親水遊樂場。

1 最新人氣小吃，充滿文青氣息的燒烤杏包菇，共有8種口味，每份可任選2種。
2 辛發亭冰品名店已開店50年以上，是台北必吃的雪花冰老店。
3 家鄉碳烤雞排，從55元慢慢漲價到80元，排隊人潮還是永遠都很多。

士林觀光夜市

外國人旅遊重點第一站

- 台北市士林區大東路、大南路、文林路、基河路間與週邊
- (02)2882-0340
- 週一至週五16:00～24:00，週六至週日15:00～01:00
- 捷運劍潭站1號出口，步行1分鐘
- 每間攤位營業時間不同，若有特定店家建議上網查詢

士林夜市是台北市範圍最大的夜市，也是國外觀光客造訪台北必到的觀光夜市，占地十分寬廣，近幾年來不斷擴增，從士林市場一路到傳統陽明戲院周邊街道、大南路慈誠宮一帶，是台灣最具代表的夜市。許多國外藝人都曾來訪，包含有國民妹妹稱號的藝人IU、男神朴寶劍、Running Man前主持姜Gary、韓國演員林周煥及申世景。士林夜市的美食非常多，包含所有台灣代表小吃臭豆腐、地瓜球、炸雞排、雪花冰、大餅包小餅、青蛙下蛋、藥燉排骨湯、蚵仔煎、夜市牛排、烤杏鮑菇、滷味。除了可以大啖美食外，也有許多平價服飾、飾品物件讓大家挖寶，最便宜的衣服只要百元，包包甚至百元有找。

Podium

重新演繹亞洲菜餚

台北市士林區中正路209號2樓
(02)2883-5720
11:30～14:00，17:30～23:00
捷運士林站1號出口，步行約3分鐘

Podium是家超隱密的私廚餐廳，這裡的雙主廚皆才30幾歲，所以在料理擺盤上創新又具有特色，每道餐點都很華麗，走視覺系風格，並有許多特殊少見食材。在預約時會詢問客人是否有偏好菜色，根據客人喜好去創作，價格有3種，可依照自己需求去做選擇，像我就選擇中價位的，覺得物超所值，光是魚子醬就吃到瑞士及丹麥2種，海鮮則有大分鮪魚天蓋肉、北海道白扇貝、浜中小川赤上海膽、龜山島白甘鯛、彭佳嶼紅長尾鳥等食材。

1 餐點名都只有1個字，分別為鱘、脂、甘，從瑞士魚子醬搭配椰奶開始，整套算下來總共9道餐點。
2 用餐環境如美術館典雅。
3 創意料理美到發泡，猶如一場視覺饗宴。

1 無花果蜜汁雞：燒烤雞胸肉佐蜂蜜檸檬醬汁。
2 鐵鍋炒蘑菇、溫德1932沙拉為熱門料理，每桌都會附贈一籃手工雜糧麵包。

溫德德式烘焙餐館天母店

啤酒節狂歡派對

台北市士林區德行西路5號
(02)2831-4415
週二至週五09:00～22:00，週六至週日08:00～22:00，週一公休
捷運芝山站2號出口，步行5分鐘即可抵達

這一家店承載著我與爺爺的重要回憶，爺爺在這裡掉了他的假牙，找假牙的同時，邊跟我說這裡的德國菜非常道地。爺爺說這裡的一道料理研發，必須經過50位歐式料理團隊長達3個月以上的調整，那時候還覺得爺爺是開玩笑的，沒想到卻是真的，而且厲害的地方在於，選用的全都是在地的新鮮食材，卻能做出德國、歐式的道地經典美味。這裡有著慕尼黑常見的啤酒花園，每當啤酒節總是擠滿了人潮，每日都有現烤德國糕點、各式無油無糖德式雜糧麵包，早上也有販售早午餐，直到下午晚餐時間就搖身一變，變成道地德國餐館，因為食物美味又有許多重要回憶，所以對我而言這不僅是一家餐廳，更是我與爺爺的祕密基地。

1 咖哩有些以乾香料打成粉，再以祕製比例做成醬汁，有些則是先將肉與香料醃製，再放入多種食材熬煮而成。

2 白醬窯烤嫩雞塊、羊肉金三角為必點招牌，當然還有印度料理少不了的奶油烤餅。

3 多種道地印度料理，吸引不少饕客前來享用。

番紅花印度美饌

傳統印度家常菜

台北市士林區天母東路50巷38-6號
(02)2871-4842
週日至週四11:30～14:00（週一上午時段不營業）、17:30～21:30，週五到週六11:30～14:00、17:30～22:00
捷運石牌站1號出口，搭乘公車紅12、645號至「啟智學校」步行3分鐘即可抵達

獲得米其林必比登推薦的番紅花印度美饌已開店13年以上，經過時總能聞到濃濃窯烤香味，在店外透過透明的櫥窗也能看到主廚Sudhir現烤烤餅，充滿了印度風情。而這家印度料理以肉豆蔻、小豆蔻、茴香籽、豆蔻皮、丁香、芥末籽、番紅花等食材料理，所有香料都是自製自調，包含每份咖哩都是現點現做，而美味的關鍵來自主廚對香料的平衡與拿捏，讓怕香料的人也能吃得津津有味。

The Top 屋頂上

榮獲亞洲設計獎的景觀餐廳

台北市士林區凱旋路61巷4弄33號
(02)2862-2255
週一至週五17:00～03:00，週六至週日12:00～03:00
捷運劍潭站1號出口，搭乘紅5公車於文化大學站下車，步行2分鐘即可抵達
只收現金，除包廂預約一律採現場來客制，每人低消350元

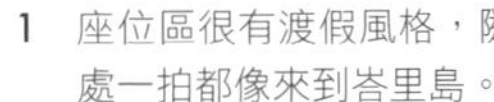

1 座位區很有渡假風格，隨處一拍都像來到峇里島。

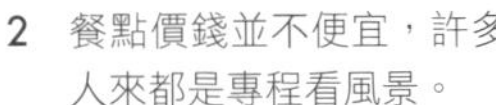

2 餐點價錢並不便宜，許多人來都是專程看風景。

3 其中Q區的景色最好，面對泳池及大面夜景。

陽明山上有很多夜景餐廳，除了The Top屋頂上，還包含了草間夜未眠、八卦夜未眠，各有各的特色，其中屋頂上榮獲亞洲設計獎餐飲空間類創意設計，看到的風景視角是所有夜景餐廳中最廣的，在餐點上從炸物、燒烤、火鍋、熱炒到甜點、飲料都有，從進去屋頂上開始就猶如來到峇里島，很有南洋風情，包含一層層的座位區設計，還有到了夜晚會發出不同燈光的泳池邊座位區，就連廁所也很有設計感。除了是許多情侶最愛約會的地方，還提供VIP包廂讓客人求婚、包場，在氣氛營造上運用許多心力和巧思，包含各個角落都用心布置，是全台北公認最美的夜景餐廳。

Wood Pot

創意美味的水果料理

台北市士林區天母北路68-1號1樓
(02)2877-2838
週四至週一12:00～21:00，週二至週三公休
捷運石牌站1號出口，搭乘601、508、536、535、小8公車於福德宮站下車，步行1分鐘即可抵達

這家店從開門的瞬間就注定要沉浸在叢林系的氛圍，各式創意料理，完美呈現了熱帶風情，許多餐點都與水果結做合。像是「香煎鮮魚紫菜蘇胡麻豆腐紫米飯」，從菜名中根本看不到水果的蹤跡，結果上菜時食材涵蓋了西瓜、鳳梨、木瓜、哈密瓜、番茄，和鮮魚、烤蒜、海苔、雞蛋豆腐搭配在一起，完全不違和，清爽又濃郁。「嫩烤雞腿水果沙拉佐凱薩醬」也一樣走視覺系浮誇路線，使用的水果也多達6種。

1 花生鹽花戚風蛋糕、芝麻戚風蛋糕、伯爵茶戚風蛋糕是招牌甜點。
2 每處都像是攝影棚，在桌椅的擺放、色系上的搭配，都非常柔和、自然。
3 香煎鮮魚紫菜蘇胡麻豆腐紫米飯、嫩烤雞腿水果沙拉佐凱薩醬。

1 鐵板炒物與梅酒是老饕們的最愛。

2 日式懷舊風格的居酒屋，每到下班時間就坐滿，是聚餐的最佳選擇。

2 各種創意串燒一上桌就聞到香氣，令人垂涎三尺。

大村武串燒居酒屋士林店

浮誇式創意串燒

台北市士林區基河路255號
(02)2883-0777
18:00～24:30
捷運劍潭站1號出口，步行8分鐘

若說士林夜市享譽國際的話，那大村武就是士林區居酒屋霸主，在地人無人不知無人不曉。老舊的日式建築、香噴噴的串燒味，不只好酒出名，就連吃過的日本人都誇讚道地、創新，濃濃日式懷舊風格配上整排酒瓶裝飾，氣場不凡。其中創意串燒屬蝴蝶大蝦最有名，滿滿的明太子、焗烤起司咬下去，蝦子鮮甜烤得Q彈、哇沙米雞胸肉軟嫩，散發恰到好處的哇沙米味；松阪豬炒水蓮炒得入味；蒜味清酒熗蝦一上桌就散發濃濃酒香。除了燒酒外還有清酒、梅酒、柚子酒、沙瓦，甜點則有沾滿花生粉的炸麻糬，讓許多遊客都特地前來大快朵頤。

多摩食堂

新鮮鮭魚肉無限吃到飽

台北市士林區忠誠路二段50巷2號1樓
(02)2838-3950
11:30～14:00、17:00～21:00，週二公休
捷運石牌站1號出口，搭乘公車紅12、645至「天母棒球場」步行6分鐘即可抵達

多摩食堂位於蘭雅國中對面的巷子，以最快速度迅速進入平價海鮮丼的行列，整間店走日式風格，店外掛著許多隨著風飄的魚旗，還有1個大大的紅色燈籠，每當用餐時間門口就會湧現大量人潮，店家還特別貼心的放了茶水供大家飲用。這家店的生魚片不僅切片厚，份量還很多，尤其是鮭魚親子丼，除了7片鮭魚，還給超多蝦卵、鮭魚卵、飛魚卵、黑豆、蔥，以及冰涼的玉子燒、蟹肉棒等配菜，豐富的菜色讓人吃過一次就愛上。而這裡除了生魚片丼外，還有各項炸物、鮮魚，最熱門的隱藏料理就是喝到飽的鮭魚味增湯，裡面的大量鮭魚肉肉質軟嫩，還吸附湯汁，讓人喝完就難以忘懷，每個來店的客人至少都會喝上2碗，怕熱的話，也提供冰麥茶讓客人免費飲用。

1 擁有強烈日式風格的多摩食堂。
2 最熱門的3款丼飯：鮭魚親子丼、多摩招牌生魚片丼、男子漢生魚片丼。

1 每一份餐點都超大份量，除了主餐外還會有胡麻沙拉、水煮蛋或香腸。
2 開放式廚房讓大家可以看到整個製餐過程。
3 店內走韓系風格，除了天花板的乾燥花、沙發區，每桌的椅子設計也很特別。

Want More

復古花磚配乾燥花的咖啡廳

台北市士林區中山北路六段43-2號
(02)2835-5885
10:30～21:00，週一公休
捷運芝山站2號出口，步行8分鐘

這間咖啡廳從Logo到整間店的裝潢和擺飾都充滿愜意的氛圍，每一處皆經過設計，包含2樓的復古花磚拼貼，以及桌上的擺飾、裝飾，就連樓梯側的整排書，都別有用意。共分為2層樓，1樓有吧檯，所有餐點皆由那邊出餐，開放式廚房從樓梯往下看就能直接看到整個料理台，非常乾淨、整潔。Want More的老闆為一對年輕夫妻，在餐點和擺盤上非常符合年輕人喜好，推出的泰式打拋豬、奶油咖哩雞、蜂蜜芥末雞最受歡迎，餐點主食分為切片麵包、米食2種，有些餐點更有潛艇堡的選項，人氣飲料為夏日限定的西瓜蘇打，以及火龍果奶昔、荔枝檸檬蘇打。

餃當家 Master Dumplings

來自眷村的傳家祕方

台北市士林區德行東路194號
(02)2834-0193
11:00～14:30、17:00～21:00
捷運芝山站出口，步行15分鐘

餃當家的餃子用台灣在地產銷履歷雲林究好豬、芸彰牧場牛肉，搭配產地直送蔬菜，吃得到食材原味。還有許多特別口味，如眷村雪裡紅、爽脆四季豆、等高人氣餃子。除了餃子，也販售手炒眷村炸醬拌上自家配方麵條，搭配青花椒滷味、瓦甕煨製12小時的瓦罐湯，及干城私房菜「涼粉蒜泥白肉」。水餃從民國38年至今已傳承3代，成功的背後更有溫暖故事，因此很快在天母商圈打響名號，至今許多客人父親帶兒子、女兒帶母親的前來光顧，就為了延續這份溫暖。

1 餃子的口味有多種，搭配特製水餃醬超入味。
2 頂級麻醬麵：手工麻醬味道濃郁，配上小黃瓜絲及Q彈的手工麵條。
3 姥姥純正麻油麵線：古早味傳承下的台式美味，是老闆記憶中的好味道。

1 圖為豚王、翠玉、赤王、黑王。
2 甩麵時，喊著 わっしょい (Wa-Ssho-I) 象徵特別專注、傾注全力做這件事情。
3 除了拉麵，內行人來這必點份唐揚雞。

ラーメン Ramen Nagi天母店

超過 1000 種口味的人氣拉麵

台北市士林區天母東路50巷10弄2號
(02)2871-6633
11:30～20:30
捷運石牌站1號出口，搭乘公車紅12、645至「啟智學校」步行1分鐘即可抵達

這家拉麵來頭不小在日本早已獲得不少TRY拉麵大賞與各大拉麵評鑑冠軍，創辦人生田智志除了主打豚骨湯底，並推出經典4大天王「豚王、赤王、翠王、黑王」外，甚至從2004年起每週推出一款限定拉麵，至今累積超過1000種口味，不少拉麵達人發起每週吃一次的任務，誓言吃到所有口味，到現在在日本都還是熱門話題，近年推出的限定款綠咖哩王、海老王、蟹王、麥迪王、泰王、起司番茄王、黑咖哩王、蒜王等口味都超高人氣，不少粉絲都敲碗回歸。若是想要吃道地日本拉麵又想挑戰特別口味，來這裡非但能滿足，還能讓你回味無窮。

1 豚排蕎麥麵：除了有完整的炸豬排，還附贈冰涼的溫泉蛋。

2 二子山招牌拉麵可自由選擇湯頭，共有正油、味增、奶油玉米、檸檬味增、宗田、地獄六款。

3 二子山拉麵部屋的招牌顯目，有濃濃的日式風格。

二子山拉麵部屋

選擇障礙的救贖

- 台北市士林區中山北路六段738號
- (02)2871-9331
- 週一至週五11:00～14:30、17:30～21:00，週六至週日11:30～14:30、17:30～21:00
- 捷運明德站1號出口，步行19分鐘

天母商圈有許多隱藏店家，其中包含二子山拉麵部屋，它有一道最招牌的料理，就是同時可以吃拉麵又能吃豚排飯的「二子山招牌拉麵」，我和雙胞胎弟弟都稱它為雙胞胎拉麵，因為我剛好最愛炸成金黃色外酥內軟的炸豬排飯，而我弟弟最鍾愛他們家的奶油玉米拉麵，所以每次都2人合點一份招牌拉麵，份量很足超適合有選擇障礙的人。另外它們家的涼麵也很特別，是白色的蕎麥麵，沾醬為特調，外帶還會在醬中加上哇沙比，無論是拉麵還是蕎麥麵都建議搭配特製的蒜泥，蒜泥需直接跟店員要，是這家店的祕密配方。

初雪冰品

超人氣珍奶雪花冰

台北市士林區中正路235巷9號
(02)2882-8809
週一至週五14:00～21:00，週六至週日12:00～21:00
捷運士林站1號出口，步行3分鐘

初雪隱身在一條小巷中，整間店的設計非常可愛，店外的兩面大黑板，分別有超立體的雪花冰、剉冰、貓咪插畫。進入店後才發現，這裡其實是一間有著濃濃夏日風情的日式茶屋，甚至店內還分為普通座位、榻榻米區。除了販售小朋友最愛吃的雪花冰，還有傳統剉冰及豆花、仙草凍，價格都非常便宜，不定時會推出季節性創意冰品，人氣冰品包含珍珠奶茶雪花冰、日式抹茶紅豆起司奶蓋、牛奶芒果雪花冰。在食材選用上也絲毫不馬虎，不僅黑糖為手炒，就連萬丹紅豆也由職人熬製而成，更別說特選日本靜岡抹茶以及在地食材大甲芋頭、北港花生，還有當季新鮮水果。

1 黑板上繪有可愛的貓咪、水果、剉冰。
2 店內有塌塌米座位，讓想去日本玩的朋友可以先過過癮。
3 珍珠奶茶雪花冰：珍珠有白、黑2種，本身就已有濃濃奶茶味，再淋上自製煉乳更有層次。

Chapter 10 內湖區

一河二湖山多多 親山親水多公園

數量眾多的科技園區及電視影視集團都坐落於此，除此之外，也有許多的景觀公園和湖泊，形成難得一見位於都市的自然生態景觀圈，東湖商圈及 737 巷美食街也是覓食的最佳去處，假日甚至能來這採草莓、露營、野餐，還能到在清代享有「白鷺湖」的美稱的大湖公園散步、釣魚。

熱門景點交通方式

- 大湖公園－捷運大湖站 1 號出口
- 哈拉影城－捷運東湖站 2 號出口
- 737 巷美食街－捷運港墘站 1 號出口

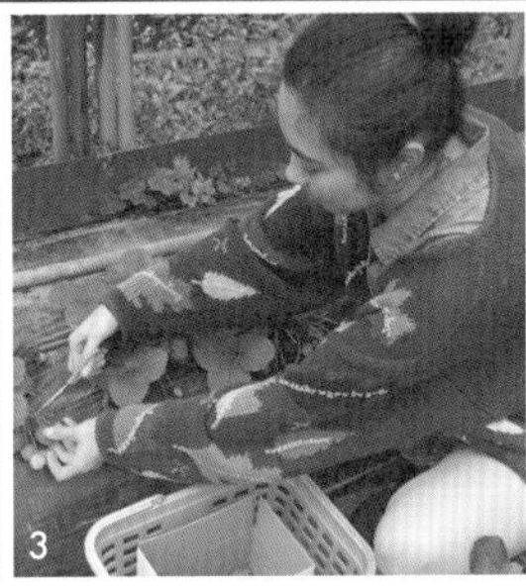

1 以溫室栽培的草莓香味特別濃郁、口感香甜。
2 綠意盎然、幽靜清閒，每處轉角都有意想不到的驚喜。
3 冬天就可以來這採草莓。

桂香草莓園

親手製作草莓醬

台北市內湖區大湖街206號路口土地公廟左轉
0917-287-032
09:30～17:30
建議開車前往或至捷運大湖公園站搭乘計程車

講到採草莓，別再只想到苗栗啦！其實內湖區有很多草莓園，都開放大家採草莓，除了可以享用草莓大餐，還能玩DIY草莓醬，尤其到了冬天的盛產季，草莓一個比一個還要大。這裡在市區裡也可以當起半日農夫，像是桂香草莓園就還有拔蘿蔔、採花椰菜、採高麗菜、採大陸妹、挖地瓜等活動體驗，園區內有許多園主親自栽種的當令蔬菜，除了能參與體驗，還能買回家料理，包含草莓盆栽也都有販售，當然還有小朋友最愛的DIY草莓醬。不管哪個園區都需要特別注意草莓盛產季節，草莓季為11月至4月，最好採草莓的月份為1、2月。

乙泰旅遊豐碩假期

量身打造的專屬行程

台北市內湖區瑞光路76巷107號1樓
（02）2793-1187
週一至週五09:00～18:00，週六至週日10:00～17:00
www.easyta.com.tw

乙泰旅遊包山下海的行程，讓旅遊景點更豐富充實，除了提供國外旅遊，更有國內半日遊、1日遊，甚至可以自行挑選景點、行程、天數，包含離島、全台旅遊都可以做安排，就連餐食也能自己做選擇，量身打造專屬行程，別於一般制式行程更為彈性。強烈建議來到台北想要前往新北市郊外又沒有交通工具的朋友來體驗，目前提供許多祕境行程、冒險體驗，適合喜歡划船、跳水、泛舟、高空彈跳當空中飛人，或者愛爬山、露營、野餐、深入原住民部落的朋友。

1 全新豪華休閒旅遊氣墊巴士全車系通過ARTC車輛安全檢測認證。
2 打造年輕化行程，讓國內旅遊不再只有既定景點，豐富多元、深入探索。
3 想要去阿里山觀日、花蓮泛舟、墾丁玩水、清境農場等地遊玩都沒問題！

（本篇照片提供／乙泰旅遊豐碩假期）

1 橋倒映在湖中，與後頭的捷運形成對比像穿越時代。
2 許多人前來搭帳篷野餐，一待就待一整個下午。

大湖公園

在都市中心觀鳥釣魚和野餐

台北市內湖區成功路五段31號
(02)2585-1430
24小時
捷運大湖公園站2號出口，步行3分鐘

大湖公園位於內湖區成功路5段，湖面波光粼粼，視野開闊，每當假日就有許多人來此搭帳棚、野餐，晚上更有不少釣魚客前來釣魚，曾因一張錦帶橋前的照片登上法國世界報，而被譽為世界級美景。其中湖泊因白鷺成群，又名白鷺湖，許多攝影師都會特地前來觀鳥拍攝，更有不少現代詩人來此寫生，晚上時，錦帶橋因燈而反射湖中，一片葉子都能引起漣漪，又是完全不同的景象，不少人都會來這慢跑順便賞美景。除了錦帶橋，還有水榭歌台及古色古香的九曲橋，其中九曲橋因有清朝建築特色而引起許多模特前來外拍，更有不少劇組、綜藝節目前來拍攝，也是內湖區房屋廣告最常取景的地方，是全台北最美的公園。

碧山露營場

在森林與自然共舞

台北市內湖區碧山路26-6號
(02)2759-3001#3333
參觀時間為09:00～18:00，報到時間14:00～18:00，露營時間週二至週日14:00～隔日13:00，週一不開放
建議開車前往，或由捷運內湖站1號出口搭乘計程車
線上申請即可，有免費停車位，園區內熱水供應時間為05:00～21:00

碧山露營場只要線上申請就可以免費提供場地，只需自備帳篷、睡袋以及相關用具，營區有許多遊憩活動區，像是心臟主題園區、矩形活動廣場、涼亭、林下草皮區，可以自行野餐、遊玩。最搶手的露營區為森林王子、鳥巢、枯木、蟻窩、松鼠平台，假日需要至少提前3個禮拜才預約得到，其他區域包含涼亭區則較容易預約。露營場面積共約6.95公頃，總共3區，想要洗澡、梳洗也別擔心，園區內也設有景觀廁所和淋浴間。

1 涼亭區有一大好處就是在夏天時可以稍微遮太陽。
2 露營場很好找，入口處就有大石頭。
3 有許多人選擇A、D區因為空間較大，搭完帳篷還有一塊空地可以野餐。

1 真味的清蒸肉圓清爽不油膩。
2 豬大郎豬血糕，從早到晚排隊的人潮都沒減少過。
3 三色大雲吞麻辣拉麵：使用自創的熱氣球狀包法。

737巷美食商圈

老饕聚集地

- 台北市內湖區內湖路一段737巷
- 0923-796-366
- 16:00～22:00，週二08:00～12:00、16:00～22:00
- 捷運港墘站1號出口，步行5分鐘
- 早上有早市，每間攤位營業時間不同，可先上網查詢

早上為麗山市場，不僅賣菜和海鮮，還販售許多居家用品，到了晚上，就變身成為美食商圈。737巷交通十分方便，因鄰近著名的歐式風格的湖光教會、台北花卉市場、風光明媚的碧湖，所以不少遊客前來。這裡麻雀雖小，五臟俱全，從小吃攤到店家，台灣道地小吃到異國料理，所有想得到的美食這裡都吃得到，而且愈晚愈熱鬧。其中最有名的就是沾滿花生粉的豬大郎豬血糕、一碗有2顆肉圓的真味肉圓、飽滿湯汁的居和熹湯包蒸餃、巨無霸3色大炒手的湖涂私房料理，還有老字號的737藥燉排骨，想吃還需要靠運氣。

成功肉圓

吃不膩的筍絲肉圓

台北內湖區成功路四段26號
0989-604-661（11:00前）、0918-350-805（13:30後）
週三至週日09:30～17:00，週一至週二09:30～13:00，售完休息
捷運內湖站1號出口，步行6分鐘
營業時間以臉書粉專公布為主，訂購請於11:00前撥打

高中的放學時間，總會和朋友三五結伴跑到成功肉圓，我們總說能買到就是幸運，因為只有1/5的機率能買到，幾乎每次一到，老闆娘就已經在刷鍋子、倒熱水了。多年過去，成功肉圓依舊人氣不減，擁有大批排隊人潮。能受多人喜愛並總是一次外帶10個、20個，原因就在於淹沒肉圓的3款醬汁，粉紅色的海山醬、醬油及蒜泥搭配得宜，內餡也同樣加分，有大量的後腿肉跟香甜筍絲，而外皮也Q彈不油膩，難怪擁有高人氣。

1 外皮非常薄，可以看得到裡面的肉和筍絲。
2 醬汁一次會淋3種，除了能免費加清湯，還有貢丸、魚丸湯可選擇。
3 餡料除了筍絲以外肉也放的大方，外皮Q彈滑嫩。

1 綜合握壽司7貫：階梯式擺盤超吸睛，每貫都十分扎實新鮮。
2 新鮮肥美的「北海道厚岸生蠔」可選擇生食或炙燒。
3 干貝漢堡。

五漁村丼飯屋

滿滿海鮮料的超浮誇丼飯

- 台北市內湖區內湖路一段285巷59弄14號
- 0938-292-398
- 11:30～14:00，17:30～21:00
- 捷運西湖站出口，步行5分鐘

以痛風饗宴聞名，有「內湖小築地」之稱的五漁村丼飯屋，因為食材太新鮮，如日本築地市場等級而享有美名，所有海鮮都是嚴選當季線流的海鮮食材，並且每天港口直送，不但海膽無腥味、北海道生蠔超鮮美，就連贈送的湯都有許多魚肉，生魚片給的份量也毫不手軟。從最便宜台幣200元有找的海景丼、月見散壽司，到剛好200元的鮪魚蔥花丼、炙燒鮭魚丼，甚至擁有8隻巨無霸天使紅蝦、玫瑰花鮭魚捲和滿滿的鮭魚卵跟蝦卵超澎派的「升龍痛風餐」，每份丼飯料滿到都看不見飯。

尤其人氣超高的「極上五漁海景丼飯」不但有七切綜合季節魚肚，甚至有北海道干貝、炙燒星鰻、炙燒比目魚、新鮮天使紅蝦等多樣食材，高水準又用料豐富，難怪總是座無虛席。

1 泰式椒麻魚：酸中帶甜、甜中帶辣，怕辣的人也能接受。
2 綠咖哩椰汁牛肉：椰香味濃郁十分配飯，牛肉份量很足。
3 和式座位文青且藝術，像是電影場景。

櫻桃小鎮食管家

平價美味的南洋料理

台北市內湖區東湖路119巷32號
(02)2633-6422
11:30～14:30(週六至15:00)、17:30～21:00
捷運東湖站3號出口，步行8分鐘

櫻桃小鎮藏身於東湖國小旁邊的巷子，用了很多植物、布料裝飾，透明的窗戶將裡面的擺飾一展無疑，有一面大大的鏡子，剛好將所有布置反射，除了木質8人大桌、2人桌，還有需脫鞋的和式座位，賣的卻是泰式南洋料理，光是泰式椒麻的肉類就有雞、魚2種，咖哩也有紅、綠之分，主食則有牛和雞，還有梨汁蜜雞腿、南洋香烤沙嗲雞肉、香烤義式番茄牛小排等人氣餐點。每份餐點擺盤看似簡單，吃起來卻很厲害，根據季節隨機變換開胃菜、湯品、沙拉，當天我的濃湯為南瓜濃湯、凱薩沙拉，開胃菜分別是豆芽絆鮮菇、雞蛋豆腐，值得一提的還有飲料，櫻桃小鎮的飲料有3款且都無限暢飲。

比爾比夫乾式熟成牛排館 大直店

一次吃完一整隻的牛

台北市中山區堤頂大道二段508號
(02)8509-6555
11:30～14:30，17:30～22:30
捷運劍南路站3號出口，步行8分鐘

比爾比夫推出的牛排吃到飽，以獨特的乾式熟成技術，製作風味濃郁口感軟嫩的乾式熟成牛排，不但只需在位點餐，還主打高級熟成牛排，分為乾式、濕式還有頂級和牛3款，無論選擇哪種套餐，除了牛排外還有雞、鴨、魚、羊等肉品、海鮮都可無限提供吃到飽，若是沒指定特定餐點，服務生會貼心的將每一道都少量端出來給你吃，甚至在主食上菜前還有巴西麵包、湯品、前菜、沙拉、蔬菜，吃飽後還有甜點，中途還有招牌之一的巴西烤肉，若遇到特別喜愛的餐點，可以再跟服務生點餐，再次點餐的餐點會比原先給的還要大份。店內不只有以喜馬拉雅岩鹽堆疊的磚牆特製專業熟成室，還有酒櫃提供多款紅酒、啤酒。

1 店內環境優美，應酬請客超有面子。
2 巴士烤肉會將肉品先放入盤子，再給烤鳳梨。
3 濕式熟成法會使牛肉自然的嫩化，並提升牛肉多汁性與風味。

年終8個月 cafe&dei

上班族夢寐以求的心願

台北市內湖區瑞光路168號
(02)8751-0511
週一至週五11:00～21:30，週六至週日10:00～21:30
捷運港墘站2號出口，步行10分鐘

特別體恤上班族心理的老闆，將店名取為「年終8個月」，希望給上班族一種輕鬆並有希望的用餐環境，一入門便會看到「撐到現在還沒離職，不就是為了等發年終嗎」的標語，將所有上班族的心聲表現出來，牆上還有3大幅插畫Marcomics設計的卷軸式插畫，來到這必點的餐點就是咖哩歐姆蛋包飯系列，除了咖哩系列也提供多種早午餐、義大利麵、三明治及甜點，有趣的是甜點還有「只有今天有？」、「明天不會有！」、「還有還有請選我！」3款神祕隱藏甜點，高人氣溫蛋糕系列也很推薦。

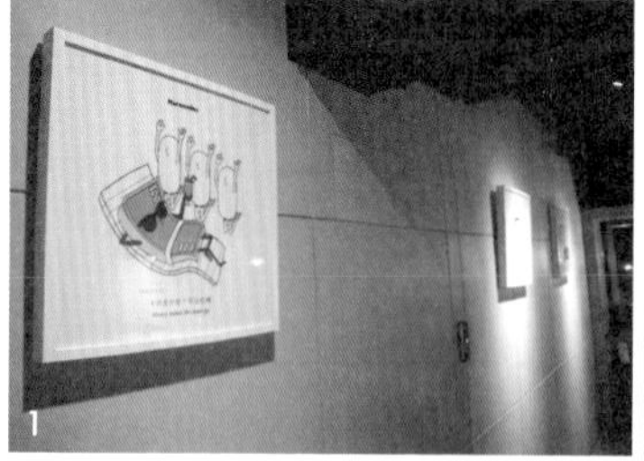

1 特別選的復古燈和3大幅卷軸式插畫，白黑的搭配在視覺上十分舒適。
2 焙茶溫蛋糕使用頂級日本焙茶粉，淋上濃郁淋醬，加上新鮮藍莓以及乾粒。
3 咖哩歐姆蛋包飯系列為招牌菜色，漂亮層次的滑蛋，和咖哩完美搭配。

1 除了手工Pizza，最推薦的是煙燻鮭魚凱薩沙拉，飲料甜點都很不錯。
2 社群創作廚房可以做手工Pizza、帕尼尼，還能現打果汁，和自行手沖咖啡。
3 選擇做手工Pizza後店員會給麵糰，從壓平開始到塗醬、放料，最後進烤爐。

覺旅咖啡陽光店

自己的餐點自己做

台北市內湖區陽光街321巷42號
(02)8752-6606
08:00～22:00
捷運文德站2號出口，步行16分鐘

覺旅咖啡的每個座位都有插頭、位置很大，足以同時放下餐點和筆電，且沒有限制用餐時間，還有免費Wi-Fi提供。餐點上也採用開放式廚房，每份餐點的天然食材、製作過程都看得到，從木碗沙拉、熱壓磚餅、義大利碗麵、自製甜品、水果飲品、咖啡茶應有盡有。在陽光店更有社群創作廚房，可以任意決定餐點食材配料、大小口味，包含Pizza、熱壓帕尼尼、現打新鮮蔬果汁都可以自己製作，其中Pizza還可以塑造成自己喜歡的形狀。

MONEYJUMP 媽咪講親子餐廳

夢幻旋轉木馬親子餐廳

台北市內湖區民善街127號2樓
(02) 2792-1156
週一至週五11:00～13:30、14:00～17:00、17:30～20:00
週六至週日08:30～10:30、11:00～13:30、14:00～17:00、17:30～20:00
捷運市政府站2號出口，轉乘552、小2、藍7、藍26公車至新湖三路口（台北花市）下車，步行3分鐘

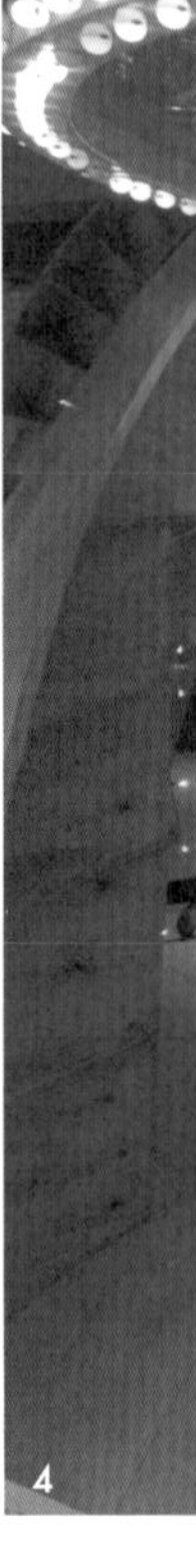

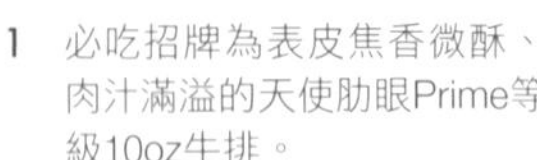

1 必吃招牌為表皮焦香微酥、肉汁滿溢的天使肋眼Prime等級10oz牛排。
2 豪華海陸套餐：份量十足，適合全家一起享用。
3 能與科技互動的家家酒區。
4 超吸睛的旋轉木馬，大人小孩都能搭乘。

招待過許多藝人、網紅的「MONEYJUMP媽咪講親子餐廳」，開幕以來一直有最美夢幻親子餐廳的稱號，不但餐廳內設有小朋友大人都愛的旋轉木馬，還有最新科技互動牆、球池、小汽車摩托車、大娃娃及多項玩具、家家酒廚房、親子閱讀區、躲貓貓隧道、蜂巢洞穴，現場甚至還有大姐姐折氣球給小朋友。除了遊樂設施多樣化外，每一區都特別設計了超軟的墊子，讓孩子們無論怎麼跌都不會受傷，還貼心將所有的兒童餐具都

備齊，就是為了讓爸爸媽媽出門不用再大包小包。在餐點上與其它親子餐廳不同，不僅有兒童餐等制式餐點，還提供不少會出現在高級餐廳的精緻餐點、異國料理。能讓餐點美味的祕訣來自菲律賓女主廚Ting，不僅曾於股神巴菲特特別指定的Smith & Wollensky牛排餐廳服務過，還擔任該餐廳的牛排專門烘烤師，對於肉品調味及烘烤非常了解，也因她來自東南亞的背景，創造出不少異國創意餐點，價格親民且大份量，除了牛排外，必推的還有「夏威夷漢堡附美式脆薯」、「德墨奶油雞肉義大利麵」、「豪華海陸特餐」等餐點，不僅小朋友愛吃，就連爸爸媽媽的味蕾都被收服，無論是家庭聚餐、朋友聚餐都超合適！

Chapter 11 北投區

豐富自然的景觀資源 溫泉發源地

北投區環繞著山、河、海於一身，是大家紓解心靈的觀光之地，在地形上也占了優勢，分別為大屯火山群，平原山麓區域的台地，以及關渡平原區域。除了溫泉廣為人知，還有許多隱藏美食，像是位於榮總醫院石牌路路段上的綜合市場，就是在地人最愛的美食天堂，就連藝人們最愛的隱藏冰店也在這裡！

熱門景點交通方式

- 石牌綜合市場－捷運石牌站 1 號出口
- 北投公園、北投溫泉博物館、地熱谷－捷運新北投站 1 號出口

1　地熱谷因高溫而有大量煙霧，多次躍上國際媒體及登上地理雜誌。

2　當風吹來將煙霧稍微吹散時，會清楚看到樹木的倒影映在湖中。

3　地熱谷有清楚的路標，非常好找。

地熱谷

霧氣瀰漫的世外仙境

- 台北市北投區中山路30號之10號
- (02)2720-8889
- 週二至週日09:00～17:00；週一公休
- 捷運新北投站1號出口，步行16分鐘

地熱谷的溫泉是大屯山火山群內水溫最高的溫泉，硫磺煙霧瀰漫的景色，如夢似幻，有如仙境一般，是日據時代臺灣八景十二勝之一，也是情侶的約會勝地，在這裡總能拍出猶如夢境中的美景，以前有開放讓大家煮溫泉蛋，但後來為了水質及食安關係，所以就不再開放，但也因此，地熱谷外形成了溫泉蛋街，許多店家都在賣溫泉蛋。地熱谷的石頭也很特別，具有叫鐳的放射性元素，目前只有在北投和日本玉川發現，因此也被稱為北投石，是世界數千種礦石中，唯一用台灣地名命名的礦石。

硫磺谷溫泉泡腳池園區

免費泡腳賞硫磺

台北市北投區泉源路77號斜對面，陽明山國家公園硫磺谷遊憩區內
0979-185-878
08:00～18:00，週一公休
捷運北投站1號出口，搭乘小7、小9、小26公車於「彌陀寺站」下車，步行3分鐘即可到達

位於陽明山國家公園硫磺谷遊憩區內的硫磺谷泡腳池園區，這裡泉源溫度大約40～60℃，泉質為酸性硫酸鹽泉，也就是俗稱的白磺，有著鎮痛止癢功效，對慢性皮膚病、關節炎及神經痛均有益，對於我而言不僅是免費泡腳的好景點，同時也是能欣賞火山地質環境硫磺谷的好地方，泡腳池更融入自然景館設計兼具特色。硫磺谷位於泡腳池步行不到1分鐘的地方，有觀景台可以近距離欣賞，因昔日採礦挖掘及地熱作用，而造成的特殊地質地形，吸引不少人前來拍照。

1 泡腳池經過重新規劃後大了不少，泉色呈黃白色具有硫磺味。
2 鴨子居然敢在裡面游泳！
3 硫磺谷因地熱而冒煙，再加上湖面倒影，列為北投3大必看景點之一。

1 北投圖書館為綠建築代表，許多建築設計師都以此建築做樣板參考。
2 許多人都會在建築前合影。
3 圖書館外也綠意盎然、生態多樣化。

臺北市立圖書館北投分館

台灣首座綠建築圖書館

- 台北市北投區光明路251號
- (02)2897-7682
- 週二至週六08:30～21:00，週日至週一09:00～17:00
- 捷運新北投站1號出口，步行6分鐘

北投圖書館是台灣首座綠建築圖書館，獲得無數建築設計獎項，除了全球建築金獎的全球卓越建設獎入圍獎，更在美國被評選為「全球最美25座公立圖書館」之一。綠化屋頂及斜坡草坡設計可涵養水分自然排水至雨水回收槽，再利用回收水澆灌植栽及沖水馬桶，至於屋頂也設有太陽能光電板發電。館內共有3層樓，每樓皆設有陽台閱讀區，其中視聽室、館藏特色區、兒童閱覽室最多人使用，不少國外建築設計師都會前來參訪。

法鼓山農禪寺

具現代設計感的寺廟

台北市北投區大業路65巷89號
(02)2893-3161
09:00～16:30，週日公休
捷運奇岩站1號出口，步行10分鐘
室內、殿堂禁止拍照，水池邊勿戲水，穿著需注意勿穿拖鞋、短褲、短裙

農禪寺是法鼓山的開山宗師東初老人，根據百丈禪師創立的叢林制度，以務農維生、禪修生活為主的原則而取的，早期農禪寺周圍遍布菜園、竹林，常住眾親手植種菜蔬、採收竹筍，除供寺內日常食用，也分送給鄰近居民。近幾年因攝影師拍出水面倒影、藍天白雲的照片，畫面中的農禪寺大殿呈顛倒模樣照射在水月池中而引起關注，瞬間成為北投炙手可熱觀光景點，若是覺得太陽太大，還可去法鼓書店避暑，在書店中有許多素食食譜、宗教相關書籍。

1 看似無止盡的連廊很有層次，女孩們最愛在這拍照，到了室內、殿堂禁止拍攝。
2 莊嚴神聖的金剛經牆。
3 水月池到晚上時倒影會更明顯，有太陽時，就連雲朵都會反射在池中。

1 圓形廣場面積廣大，許多學校會申請辦活動。
2 附近還有小溪頭環狀步道、貴子坑親水步道、下菁礐步道。
3 每個帳篷區搭完帳篷後還有很多空間，都有附設木桌椅供使用。

貴子坑露營場

在大草原住帳棚賞星空

- 台北市北投區秀山路161號
- (02)2759-8528＃3333
- 開放參觀為09:00～17:00，報到時間14:00～17:00，露營時間為14:00至隔日13:00，週三（及除夕至初二）不開放
- 建議開車前往，或由捷運新北投站1號出口搭乘計程車
- 線上申請即可，園區內熱水供應時間為18:00～21:00

貴子坑露營場只要線上申請就可以免費提供場地，營區周邊有許多自然景觀及景點，包含貴子坑親水步道、下菁礐步道。露營場最大的地標就是圓型廣場，特色在於廣場前的一大塊大草原，所有帳篷區都在草原旁的空地，特別開放貴子坑生態園區野餐區供大家自由野餐，同時還有故事牆、水土保持教學園區。另外除了圓形廣場草地帳篷區還有露營車區，兩邊都有廁所、淋浴間，方便遊客梳洗。

陽明山國家公園及周邊景點

獨特的火山地形景觀

以大屯火山群為主體的陽明山國家公園，地質構造多屬安山岩，外型特殊的錐狀或鐘狀火山體、爆裂口、火山口和火口湖，構成本區獨特的地質地形景觀。除了火山及地熱活動等景觀外，園區內特殊的礦床、岩層、壯觀的瀑布、呈放射狀向四方奔瀉的溪流，都是陽明山國家公園重要的景觀資源。現在只要在台北車站搭乘260號公車，就能抵達陽明山公園、小隱潭，如果想抵達小油坑、擎天崗、夢幻湖等景點，可在陽明山總站轉搭108陽明山遊園公車。

陽明山國家公園

- 台北市北投區竹子湖路1-20號
- (02)2861-6341、(02)2861-5741（遊客中心）
- 09:00～16:30，每月最後一個星期一及農曆除夕公休
- 捷運台北車站1號出口至中山北路、中正路口搭車，搭乘聯營公車260至「陽明山站」下車

陽明山國家公園最著名的拍照景點就是陽明公園的花鐘，綠草為底、花卉點綴其中，隨著整點會播放音樂。園區內還有許多觀光景點，包括噴水池、櫻花林、杜鵑茶花園、小隱潭、飛龍雕塑區、王陽明銅像區、蔣公銅像區、水生植物區等著名景點。

陽明山公園的花鐘是必拍景點之一。

小隱潭瀑布

台北市北投區湖山路二段
(02)2861-3601
24小時
捷運台北車站1號出口至中山北路、中正路口搭車，搭乘聯營公車260至「陽明山總站」下車

藏身在陽明公園右側，有著乳白色的硫磺溪泉，是許多網美們不願公布地點的祕境。陽光斜射時，潭瀑與青色、白色的岩壁相互輝映，呈現夢幻浪漫的色澤，不時還會飄散淡淡硫磺味。一走進來就會看到紅色的小橋，後頭則有壯觀漂亮的瀑布，隨手一拍都好像在森林裡，坐在超大石頭上拍照是最棒的角度之一。

小隱潭瀑布怎麼拍都超級美，是網美們最愛的祕境之一。

擎天崗

台北市士林區菁山路101巷246號
(02)2861-5404
24小時
捷運台北車站1號出口至中山北路、中正路口搭車，搭乘聯營公車260至「陽明山總站」下車，轉搭108號公車至「擎天崗站」下車

擎天崗是竹篙山熔岩流向北噴溢所形成的熔岩階地，平坦的地勢使得此區在日治時期成為牛隻放牧的重要區域，也因為牛隻的啃食，此處便形成了遼闊的草原景觀，目前草原主要為類地毯草及假柃木等組成，牛隻則是早年放牧未領回自然繁衍的20多頭的野化水牛，也有許多人來這邊野餐、踏青。是小朋友最愛去的景點之一。

水牛備受大家寵愛。

小油坑

台北市北投區湖山路69號
(02)2861-7024
24小時
捷運台北車站1號出口至中山北路、中正路口搭乘聯營公車260至「陽明山總站」下車

小油坑為一處後火山活動地質景觀區，海拔約805公尺，以「後火山作用」所形成之噴氣孔、硫磺結晶、溫泉及壯觀的崩塌地形最具特色。除了小油坑本身，在這裡的眺望平台還可遠眺竹子山、大屯山、七星山與小觀音山等火山錐體，以及金山海岸等美景。也很適合喜歡爬山的旅客前往，可以由小油坑停車場旁邊的登山口開始攀爬，約1個多小時可登頂，海拔1,120公尺，是台北市的最高峰。

小油坑有非常漂亮的自然景觀，適合大人帶小朋友前往參觀。

名陽匍休閒農莊

在花海中盪鞦韆

✉ 台北市北投區竹子湖路，以手機掃QRcode即可到達
☎ 0935-913-239
◷ 週一至週五12:00～17:00（週一延至隔日05:00），週六至週日09:00～17:00
➡ 捷運石牌站1號出口，搭乘公車小8至風架口站下車，步行約1分鐘

想要拍花就必須看準時機，想要在季節交替中取得平衡，選能同時賞海芋及繡球花的「名陽匍休閒農莊」絕對是最佳選擇。100元的入園費可抵相同價位的飲料或兌換、自採當季花卉，超划算的價格，是名陽匍休閒農莊給人的第一印象，拿著當季的花卉進入園區，拍的每張照片都超有仙氣，就連拍攝婚紗或商業攝影也可事先預約。園區內設有盪鞦韆、大型彈弓，想要拍出一大片花海絕對沒問題，在園區設計上也有許多巧思，一進園區便能看到好幾個裝置藝術，有大型的海芋、繡球花，也有遍布繡球花的涼亭及鞦韆，地上都設有腳印，跟著腳印走就能找到園區內的各個祕境，每一處都好拍。

1 在5月初來拜訪，就有機會同時拍到海芋及顏色多樣的繡球花。
2 花海中的巨無霸彈弓。
3 鞦韆坐落在與一大片海芋中，猶如置身仙境。

1 柚子胡椒海鮮義大利麵、小仙女的起司豆腐、黑松露野菇燉飯。
2 店內有多種多肉植物、苔蘚球，有熱帶風情氛圍，看了心情就很好。
3 雙人豪華下午茶套餐：三明治、開胃菜、沙拉、司康各2份、甜點有4種。

許多肉創意食堂

多肉植物環繞的超美餐廳

台北市北投區大興街65號
(02)2894-3839
11:00～20:00，週一公休
捷運北投站2號出口，步行2分鐘

「許多肉」光看店名可能以為是一家專為肉食主義者創辦的餐廳，事實上它的「肉」來自多肉植物，餐點更有多種選擇，像是外觀與起司蛋糕極像，喜歡蔬食者必吃的「小仙女的起司豆腐」、全手工製作絲毫不馬虎，鹹甜都有cp值超高的「雙人豪華下午茶套餐」、主廚特製研發的「柚子胡椒海鮮義大利麵」、份量十足的「黑松露野菇燉飯」、店長拿手甜點「造型馬林糖」。在環境上使用多種多肉植物組盆、苔蘚球做裝飾，平常還不定時舉辦DIY活動，擁有白色透天、半落地窗外觀的「許多肉」除了採光極佳，3樓更有玻璃屋提供給團體預約的客人。

鬍鬚紅麵線 炸臭豆腐

老字號的紅麵線

台北市北投區裕民一路29號
(02)2822-5550
15:30～24:00
捷運石牌站1號出口，步行5分鐘

來這一定要點大腸麵線，這裡的滷大腸好吃到老闆為了滿足客人，特別在餐點上增加單點選項，常看到有人明明就點了一碗大腸麵線還加點一大盤的滷大腸，這裡的紅麵線是手工製作的使用黑木耳、紅蔥等配料熬煮十分特別，至於大腸則是慢火滷2～3小時非常入味。臭豆腐也非常好吃現點現炸，酥脆美味咬一口還會噴汁，搭配泡菜是我吃過最好吃的臭豆腐之一，除了炸的還有滷的臭豆腐，加上麻辣鴨血特別帶勁，最近幾年出的蒜泥蚵也擁有高人氣。

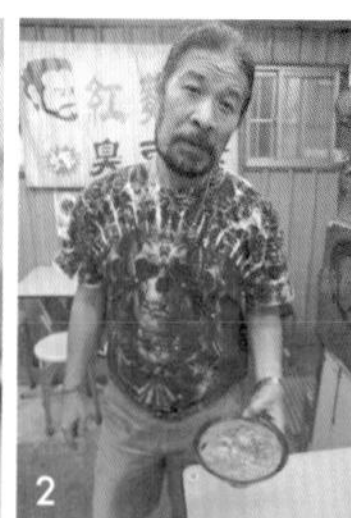

1 人手一碗必點的手工紅麵線，不吃大腸也可點蚵仔麵線。
2 店裡的logo和老闆長得一模一樣。
3 炸臭豆腐一旁附贈的泡菜，好吃到想跟老闆直接買一罐。

1 用帶肉牛小排、紅蘿蔔、冰糖、洋蔥熬煮而成的湯頭。
2 清燉牛肉麵也是使用牛小排熬製的湯頭，喝起來香甜美味。
3 將所有精華集中於一碗牛肉麵，難怪能成為石牌最老字號的代表性牛肉麵。

牛董牛肉麵食坊

連續 2 年榮獲米其林優選

台北市北投區西安街一段369號
(02)2821-1496
11:00～20:00
捷運石牌站1號出口，步行1分鐘

牛董牛肉麵食坊已開店20年以上，是石牌人最引以為傲的美食之一，獲得無數大獎，其中以牛尾巴麵、丁骨牛小排麵最受歡迎，所有牛肉麵的製作過程都十分費工。這家牛肉麵最常被客人稱讚肉質軟嫩、份量十足、湯頭濃郁，有不少常客一吃就是10年以上，從單身到結婚，再從結婚到生小孩。若是第一次來品嘗，強烈建議丁骨牛小排，湯頭是用帶肉牛小排、紅蘿蔔、冰糖、洋蔥熬煮而成，而丁骨肉處理過程複雜，需要先滷至8分熟再醃泡2天，細心分割加熱後才能上桌，每日限量40碗，是招牌中的招牌，與牛尾巴麵並列為最多年輕人點的餐點。

水龜伯古早味

有 4 色芋圓的懷舊古早冰店

台北市北投區石牌路二段75巷8號
(02)2827-4788
11:30～23:00
捷運石牌站1號出口，步行4分鐘

水龜伯古早味在捷運石牌站附近，是隱身在石牌巷弄中的古早味甜品店，從早到晚都有滿滿排隊人潮，就連謝霆鋒、張鈞甯來台錄《十二道鋒味》時，都特別來這吃鮮奶嫩豆花和招牌黑糖燒麻糬。而綜合芋圓不僅超大顆，還有4種顏色及口味，分別為抹茶、地瓜、梅子、紫薯，深受大家喜愛。就連店面裝飾都十分古早味，可以看到台灣早前的農作用具、雜貨店小招牌，還有黑白照片跟黑膠唱片，是許多遊客必訪的懷舊冰店。

1 色彩繽紛的芋圓有4種口味，Q彈有嚼勁超解饞。
2 黑糖燒麻糬可以拉得超級長，是人氣必點招牌。
3 店內裝飾超古早味，各種老舊道具令人懷念。

1 麻辣三記魚餃拉麵煲，其中魚餃有嚼勁鮮味足且飽滿。

2 招牌十分顯目，側面招牌特別寫上熱門餐點。

3 不敢吃辣可以點頂級紅燒牛肉拉麵，牛肉肉質很好，吸附湯汁很軟嫩。

雲鼎阿二麻辣食堂石牌店

挑戰你的吃辣極限

- 台北市北投區石牌路二段59號1樓
- (02)2823-2828
- 11:30～24:00
- 捷運石牌站1號出口，步行5分鐘

愛吃辣的朋友們，絕對不能錯過，無論是哪家分店都有長長排隊人潮，除了招牌麻辣滷肉拌飯還有許多麻辣鍋、藥膳鍋、鴨血煲，以及台灣最有名的平價美食牛肉麵。最多人點的餐點就屬麻辣鍋系列，湯頭不含牛肉成份，使用花椒、朝天椒以及草粿八角、桂皮、月桂葉、陳皮、精鹽等多種食材熬煮，甚至放入了雞骨和常見的薑、蒜跟少許調味酒、植物油，除了講究的湯頭還有精挑細選的食材。許多人都是衝著麻辣鍋內的鴨血豆腐來的，吃起來不僅軟嫩入味還很養生，全店用了48味香料，有著正宗四川成都麻辣鍋味道，難怪不少人慕名而來。

矮仔財滷肉飯

滷肉飯加豬皮的古早味

台北市北投區新市街30號2樓436號攤位
0932-386-789
07:00～13:30，週一、四公休
捷運北投站1號出口，步行8分鐘

北投區最有名的小吃的就是位於北投市場內的矮仔財滷肉飯，每當假日一早就湧現排隊人潮，人潮多到從2樓排到1樓，只要能吃到排多久都甘願，就連許多外國朋友來台都指定要吃這家的滷肉飯。這家滷肉飯的特色除了價錢便宜、菜色多樣，最重要的就是耗費多時的招牌滷肉，滷肉小火慢燉呈深色滷了至少3小時以上，所有小菜大份量且便宜，包含滷肉飯必配的滷筍絲、滷白菜。來這必點的還有滷蛋、豆腐，尤其豆腐吃起來吸附了滿滿濃郁滷汁，喜歡喝湯還有排骨、苦瓜、蚵仔、赤肉可做選擇。

1 來這一定要點大碗的滷肉飯，滷肉帶有豬皮，真材實料且入味。
2 滷肉滷得非常嫩，還有滿滿膠質，大大一鍋因時間滷得久而呈深色。
3 各式小菜不僅高人氣還很平價。

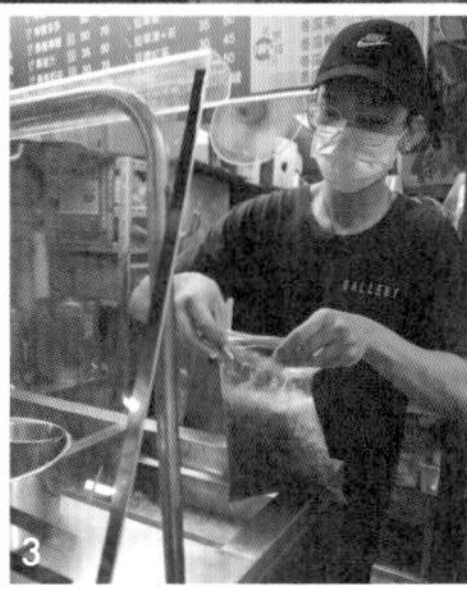

1 飲料菜單都印在招牌上，排隊時就可以先想好要點哪款飲品。

2 大袋綠茶60元需要10個人才能喝完，中袋則為35元的紅茶。

3 對於大排長龍的排隊隊伍早已習慣，店員動作都超快速。

高記茶莊

老字號傳統手搖

台北市北投區新市街 30 號 1 樓 13 號攤位
(02)2896-3568
07:00 ～ 22:00
捷運北投站 1 號出口、步行 8 分鐘

高記茶莊1杯飲料最便宜2個銅板硬幣就能解決，原生好茶系列最多人買，包含紅茶、綠茶、烏龍茶、無憂茶，其中最受歡迎的又屬無負擔、清爽，由烏龍茶加綠茶調製的無憂茶。原生好茶系列可以用袋裝，分為小到大，光是小袋25元就足夠2個人喝，而中袋的袋裝飲料也只需要35元，一次4、5個人喝都沒問題。店家堅持真材實料，包含100%茶葉沖泡、用心熬煮不加化學成份、使用純正一砂蔗糖及大牌鮮奶。飲料種類多樣除了原味好茶還販售新鮮果汁、香醇奶茶系列、100%天然成分的台南義豐冬瓜茶、洛神烏梅汁、仙草茶等飲品。

Chapter 12 新北市區

滑翔翼跳水超瘋狂 邊吃海鮮享美景

除了台北市以外，新北、基隆也一樣好玩，不僅可以到漁港大嗑活海鮮，還可以造訪金氏紀錄「千手千眼觀音」；前往九份老街，搭火車前往平溪線放天燈、看瀑布；也可前往鶯歌、三峽老街做陶瓷、玩藍染。還能到享受水上飛行傘、看跳水表演、玩獨木舟，不只好玩，還能享盡各區道地小吃。

熱門景點交通方式

▪ 正濱漁港、阿根納造船廠遺址－捷運台北車站轉搭台鐵至基隆火車站，搭乘 101 號公車於「和平橋頭（原民會站）」下車 ▪ 野柳地質公園、野柳海洋世界－捷運淡水站 1 出口，搭乘「台灣好行 - 皇冠北海岸線」於「野柳地質公園（野柳海洋世界）站」下車 ▪ 鶯歌陶瓷老街、鶯歌陶瓷博物館－捷運台北車站轉搭台鐵從「鶯歌站」下車，步行十分鐘 ▪ 九份老街－捷運台北車站內，搭台鐵前往瑞芳火車站，出來轉搭 825、1062 公車即可抵達

1　戶外公共藝術的鯨魚外觀。
2　紅磚建築很有氛圍，不僅風景美，還有許多免費展覽供大家參觀。
3　戶外有會發光的蹺蹺板，還有小朋友最愛的互動式音階地板，就算是休展、策展期，依然有許多民眾前來玩耍、拍照。

淡水海關碼頭

邊賞風景邊看展

- 新北市淡水區文化里中正路259號
- (02) 2621-2830#211
- 碼頭開放時間24小時，展區開放時間09:30～19:30，每月第一個禮拜一公休
- 捷運淡水站1號出口，轉乘857、紅26、836遊園公車至「紅毛城站」下車，步行2分鐘即可到達

淡水海關碼頭，在大草原中設有互動式音階地板、蹺蹺板，總是不少人在這觀賞夕陽。有3個展區及倉庫，外觀皆呈現西班牙時期的紅磚建築，其中館內更有許多豐富設施，也因淡水從幾百年前就捲入不少戰爭，因此展覽大多與當時的戰爭歷史有關。在眾多辦過的展覽裡，就屬滬尾之役體驗館讓人印象最深刻，不僅將清法戰爭時的戰爭現場以情境模擬，透過遊戲體驗，讓小朋友對當時戰爭的片段有深刻的體會。館內還有許多互動設施、闖關活動、免費明信片可拿，甚至還有紀念印章可以蓋，每當假日就會湧入不少民眾前來參觀。

緣道觀音廟及周邊景點

虔誠的禮佛之途

緣道觀音廟

新北市淡水區安子內3號
(02) 2626-9242
09:30～18:00，週一公休
免費接駁車，捷運紅樹林站不出站，轉乘淡海輕軌至「新市一路站」下車，往北步行約50公尺抵達「菩提精進站」搭乘免費接駁車

緣道觀音廟為全世界首座三十三觀音石雕庭園，外觀採仿唐式建築風格，以木材為設計主軸，與山林相映透露出自然古樸的莊嚴之美。座落於觀音廟庭園內、瀑布下、斜坡上及步道旁的三十三觀音由青斗石雕刻而成，經過宗師善單的授記認可。許多遊客們冬天特地來訪拍攝櫻花、春暖花開時漫步森氣步道賞紫藤花。過年前來祈求「吉祥如意平安福」、看煙火，許多遊客也特地前來求籤、祈福。

淨心橋可全覽園區景觀及俯瞰色彩繽紛的錦鯉悠游於池中。

緣道觀音廟道咖啡

新北市淡水區安子內3號
(02)2626-9242
10:00～17:30，週一公休
免費接駁車，捷運紅樹林站不出站，轉乘淡海輕軌至「新市一路站」下車，往北步行約50公尺抵達「菩提精進站」搭乘免費接駁車

獨立設置於戶外森氣步道旁的「道咖啡」，提供參訪大德舒適優雅的餐飲空間，其中紅豆抹茶冰、牛肉麵深受遊客喜愛，在參拜完主殿後，可以靜心在自然環境中品嘗咖啡，享受被綠意環繞的愜意。

賞美景、吃美食，享受愜意下午。

千手觀音

新北市淡水區田寮路1000號
(02)2626-9242
週六至週日10:00～16:00，週一至週五公休
免費接駁車，捷運紅樹林站不出站，轉乘淡海輕軌至「新市一路站」下車，往北步行約50公尺抵達「菩提精進站」搭乘免費接駁車
目前內外裝修工程正在進行中，僅開放遊客中心1、2樓

位於觀音廟後方的「千手觀音」聖像，目前是經過金氏世界紀錄認證的全世界「最大鋼製雕塑」，超多遊客爭相拜訪，是新北市最新打卡的熱門景點。

千手觀音於2019年成功挑戰「最大鋼製雕塑」金氏世界的紀錄。

淡水紅毛城

漫遊古城賞洋樓

新北市淡水區中正路28巷1號
(02) 2623-1001
週一至週五09:30～17:00，週六至週日09:30～18:00
捷運淡水站1號出口，轉乘紅26、836遊園公車至「紅毛城（真理大學）站」下車，步行1分鐘即可到達

聖多明哥城是在荷蘭人打敗西班牙人後建成，因荷蘭人有紅毛之稱，所以後來改名為紅毛城，在建築外貌上呈現四方型、西式紅磚堡壘，現在已被列位一級古蹟。城下的古砲為嘉慶18年製造，在後來租借紅毛城給英國人當領事館使用後，被搬運至此，城內不僅有砲台，還有倉庫及牢房。紅毛城旁的2層式洋樓為前清英國領事官邸，開放給遊客參觀，清水紅磚配閩南紅瓦，裡頭放置許多家具，擺設方式為領事家居情形，同時屋內掛有多張歷史圖片，彷彿回到1860年。

1 前清英國領事官邸為19世紀末的英式住宅，可以一窺當時的生活。
2 領事官邸內的傢俱富麗堂皇。
3 隨處一拍都很有氛圍。

1 古早味雜貨店、餅舖及英專路夜市都很值得逛。
2 淡水阿給就是油豆腐加米粉，內行人還會點肉包、魚丸湯、餛飩湯和肉包。
3 第一次來淡水老街，一定要嚐看看阿婆鐵蛋。

淡水老街

沿著老街賞河賞夕陽

新北市淡水區中正路1號、重建街、清水街一帶
(02) 2622-1020
24小時
捷運淡水站1號出口，步行1分鐘即可到達

淡水老街分成內外2側，外側是淡水河岸的金色水岸步道，可欣賞夕陽落入海面的美景，有許多夜市遊戲可以玩，還販售木屐、紀念品，多家海鮮、景觀餐廳也座落於此。內側則是傳統老街，街道兩旁都有熱鬧的商店，人氣美食更是數不完，還可以買到其它夜市都品嘗不到的阿婆鐵蛋、阿給，還有古早味現烤蛋糕、魚丸、魚酥、巨無霸冰淇淋、飛魚卵香腸，也有當天製作的新鮮花枝丸、魷魚、章魚串，走到底後還有古早味雜貨店和糕餅舖。除了淡水老街，還有位於淡水捷運站對面的英專路夜市，夜市內隱藏版美食也不少，必吃的有淡水沙茶羊肉、賴記雞蛋糕、石頭餅。

八里左岸公園

搭渡船騎腳踏車

八里區很早就有原住民居住於此，所以有豐富的遺址及歷史，從八里渡船碼頭到十三行博物館之間，更有規劃完善的自行車道，沿途設置許多休閒設施、景點、裝置藝術，並有多處可租借腳踏車、電子車。現在八里左岸不僅可以搭船至淡水老街至也能前往漁人碼頭，不僅有許多攝影師前來取景，更有很多外國人、背包客前來賞河、吃美食、騎腳踏車。

1 一邊騎腳踏車一邊欣賞淡水河美景。
2 自行車道旁有許多涼亭供休息。

新北市八里區觀海大道36號
(02) 2610-2621 (八里區公所)
24小時
捷運關渡站1號出口，轉乘紅22公車至「渡船頭站」下車，步行1分鐘即可到達

十三行博物館

全台首座考古博物館

十三行博物館設有各項重要文物常設展、特展廳、考古學習體驗室，詳細介紹了有關十三行文化、圓山文化等台灣過往的遺跡與背景。館區分為3組不同型態的建築群，以清水混凝土、砂岩及老化的金屬板等構築而成，具有強烈設計感，尤其館外的觀景區，樓梯上的壁畫也很好拍照。

新北市八里區博物館路200號
(02) 2619-1313 #600
09:30～17:00；每月第一個禮拜一公休，夏季4至10月平日延長至18:00、假日延長至19:00
捷運關渡站1號出口，轉乘紅13公車至「八里行政中心(十三行博物館)站」下車，步行1分鐘即可到達

1 展區豐富，不定時有限定展。
2 大多數遊客會選擇租借腳踏車遊河並前往博物館參觀。

坐一下吧

在地人最愛的巨無霸壽司

新北市板橋區陽明街105號
(02) 8258-5771
週二至週日11:30～13:30、17:30～22:30，週一公休
捷運新埔站1號出口，步行約10分鐘即可抵達

「坐一下吧」是這間店的名字，而師傅們的手藝，肯定會讓你一旦坐下，就捨不得離開。這間店一次只能點4貫握壽司，因為壽司大到需要3大口才能吃完，握壽司上的生魚片厚厚的一大片，就連米飯的醋味都拿捏得恰到好處，除了握壽司外，餐點都很大份量，其中最推薦的就是鮭魚炒飯，炒飯不只粒粒分明，還添加了鮭魚卵，總讓人不小心就胃口大增，另外也推薦熱呼呼又帶點甜味的玉子燒、和風生牛肉，以及冰涼醋蜜番茄。

1　鮭魚炒飯巨無霸，堆得高又圓，需要兩個人才吃得完。
2　店面充滿日式風格，掛有「一生懸命料理中」牌子。
3　握壽司其中最推炙燒鮭魚、鮭魚、鮪魚泥軍艦、海膽軍艦。

板橋 435 藝文特區

藝術家的夢想基地

新北市板橋區中正路435號
(02) 2969-0366
週一至週五09:00～17:00，週六至週日09:00～18:00
捷運板橋站2號出口，至板橋公車站轉乘公車於「板橋國中，（435藝文特區）」站下車，步行約3分鐘即可抵達

1 高掛在天上的彩虹傘，成了最熱門的打卡景點。
2 壁畫栩栩如生，讓人立刻聯想到平溪的天燈節。

板橋435藝文特區的壁畫結合了台灣特色、早期板橋旱田景象、老板橋街道風格，多數為較寫實的風景畫。園內設施多樣，除了有大片草原提供民眾野餐，也有司令台、藝文教室、展覽空間、玩具博物館、枋橋大劇院、濕地博物館，入口處甚至還有歐式新古典主義的中正紀念堂、高聳對稱的多力克柱列，一旁還有白沙、噴水池和滿滿高掛空中的彩虹傘園。區內也不定時舉辦各種活動，邀請多位藝術家並策辦各項主題展覽，讓藝術走入生活。

鶯歌老街

享譽國際的陶都之街

新北市鶯歌區文化路、尖山埔路
(02) 2678-0202（鶯歌區公所）
24小時
捷運台北車站，轉乘台鐵至「鶯歌站」下車，步行10分鐘即可到達

保留原本陶瓷老店、尖山埔路、方形煙囪的鶯歌老街，有著陶藝領航地位，並享有台灣景德鎮之稱，無論是街頭塑造或是路口意象的設計，都具有陶瓷風格。將老舊陶瓷廠房改為改為陶瓷餐具專賣店、工作室、展售中心、工廠直營商店等各具特色的主題店家後，遊客也愈來愈多，尤其各種陶藝DIY教室的興起，讓小朋友來鶯歌後還能親自體驗做杯子、碗盤，每樣成品在完成後，會染上各式各樣的顏色，讓小朋友直呼有趣。許多便宜的陶瓷碗、杯子、餐具、餐盤、桌巾，皆可在這裡買得到，花樣、款式、顏色皆很豐富，也有很多具藝術價值的陶瓷產品，想要挖寶來這準沒錯！

1 街上有許多裝置藝術，包含陶瓷形狀的拱門及拼貼藝術的地標招牌。
2 許多人會專門到這購買餐具、陶瓷碗盤。
3 體驗陶藝DIY是來這必做的事。

1 古早味雜貨店，販售許多童玩、傳統點心，就連招牌都很有風格。

2 在白天、夜晚給人不同風貌的三峽老街，是許多攝影師最愛拍攝的景點之一。

3 老街全長200公尺，無論是金牛角、米苔目都有滿滿排隊人潮。

三峽老街

特色洋樓老街

新北市三峽區民權街37～147號
(02) 2671-1017（三峽區公所）
24小時
捷運板橋站1號出口，轉乘臺北客運702路、705路、812路、910路至「三峽老街」下車，步行2分鐘即可到達

相連不斷的紅磚拱廊、巴洛克式立面牌樓是三峽老街的建築特色，曾獲得全球建築金獎亞軍及各大建築獎項。三峽老街於日治時代時，將傳統街屋形貌改造為仿歐風立面，融合了洋樓風格元素、日式家紋、漢人文化圖像。至今老街上的房子依舊刻有堂號、店號及姓氏，山牆上的圖形裝飾更含有寓意，像是八卦有避邪之意、花瓶則象徵平安。來到古色古香的三峽老街，必逛的就是染布，多數店家為染布業，許多遊客都會在這買手作服飾、布料，甚至玩藍染製作自己的衣服、包包，還有很多古早雜貨店，販售傳統童玩、糖果餅乾。

臺北市立動物園

和動物們一起約會吧

台北市文山區新光路二段30號
(02) 2938-2300 #630
週一至週五09:00～17:00，週六至週日08:30～17:00
捷運動物園站1號出口，步行1分鐘即可到達
持學生證可享有優待票30元，全票為60元

臺北市立動物園不僅是東南亞規模最大的動物園，更是世界前10大都市型的動物園之一，園區內有超過400種的動物。規劃了「台灣鄉土動物區」，不僅有台灣黑熊、獼猴，還有梅花鹿、藍腹鷴等台灣特有種，園區內還有高人氣的熊貓館、無尾熊館、企鵝館，更有超可愛雙胞胎小貓熊歡歡、妮可以及馬來貘、水豚、大食蟻獸。園內總共細分為13區，依地理環境做區分，包含動物園較少見的昆蟲館、亞州熱帶雨林區、沙漠動物區、鳥園，兩棲爬蟲動物館，逛玩動物園後還能前往距離不到5分鐘的貓空纜車搭乘纜車觀賞美景。

（照片1&2提供／鄒庭瑄）

1 大型動物非常多，包含人氣超高的長頸鹿、大象、猩猩、獅子、老虎。
2 在兩棲爬蟲動物館捕捉到蜥蜴抱在一起的模樣。
3 除了可以看到可愛動物，園區內也設很多拍照處供遊客拍照。

1 指南宮站的迎仙亭很有宮廷風格，是熱門打卡點。

2 搭乘纜車不僅能享有美景，還能拍到其它纜車上上下下的模樣。

3 貓空站有多家茶坊、餐廳可選擇，圖為光羽塩 Lytea 景觀餐廳。

貓空纜車

搭乘纜車上山吃特色茶餐

- 台北市文山區新光路二段8號
- (02) -2181-2345(24小時客服專線)
- 週二至週四09:00～21:00；週五09:00～22:00；週六08:30～22:00；週日08:30～21:00，週一公休，每月第一個週一開放營運09:00～21:00
- 捷運動物園站2號出口，步行3分鐘即可到達。
- 使用悠遊卡可享有20元折扣，台北市民可享單趟50元優惠

貓空纜車不僅能眺望河濱公園、台北盆地、夕陽美景，更能看到動物園的地標長頸鹿焚化爐，無論是何時欣賞都別有一番風味。總共有4個站讓乘客上下車，最推薦的遊玩路線就是從動物園搭乘至指南宮參觀，再至終點貓空站選擇喜歡的茶坊，並在品嘗特色茶餐、採購茶葉後回到動物園站。纜車分為多種顏色，若是喜歡刺激、不怕高，可以選擇透明水晶車廂，享受騰雲駕霧遨遊天際之感，不需特別加價喔。

1 菁桐老街的鐵道是最寬敞的，許多遊客都來這拍火車。
2 祈願竹筒是菁桐的特色，寫完後直接掛在樹幹、圍欄上。
3 這可是全世界唯一的天燈造型派出所。

菁桐老街

全世界唯一天燈派出所

新北市平溪區菁桐街
(02) 2495-1510(平溪區公所)
24小時
捷運木柵站1號出口，轉乘臺北客運795號公車(台灣好行木柵平溪線)至「菁桐坑站」下車，步行1分鐘即可到達

菁桐老街位於平溪線終點站，與平溪、十分不同，這裡並沒有販售天燈，取而代之的是祈願竹筒，街道上掛滿許多遊客們寫的竹筒，也因如此成為菁桐獨特的特色。菁桐站的鐵路也比其它2站大，是3站裡最適合跟火車拍照的一站。街上有火車站站長的公仔、郵筒，車站本身也是日式木造車站，很樸質、傳統，最著名的地標除了老街裡的「鐵道故事館」，還有老街入口處全世界唯一天燈造型的「天燈派出所」，許多人來平溪都會先從菁桐開始逛起，再順著去平溪、十分。

十分瀑布

全台最大的簾幕瀑布

新北市平溪區乾坑10號
(02) 2495-8409
10月～隔年5月09:00～17:00，6月～9月09:00～18:00
捷運台北車站轉乘台鐵至「十分站」下車，步行25分鐘即可抵達
最後入場時間為結束營業的前30分鐘

垂簾型的十分瀑布，岩層傾向與水流方向相反，有著逆斜層特徵，並擁有「台灣尼加拉瀑布」的美稱，雖然較小但是聲勢浩大。不僅壯觀，幸運的話在天氣好、大太陽時，十分瀑布會因大量的水氣，而形成彩虹，因此也有彩虹淵的別號。前往十分瀑布前會經過2座大橋，分別為跨越基隆河的四潭大橋，以及看得到火車列車的觀瀑大橋。經過大橋後會抵達十分瀑布公園，沿著走就能抵達十分瀑布，若是沒要逛老街，建議開車前來直接停入停車場，會少走15分鐘的路程。

1 入口處第1座大橋就是跨越基隆河的四潭大橋。
2 四面佛。
3 瀑布水勢盛大，像要打仗一樣，從很遠的地方就能聽到水聲。

平溪老街

放天燈逛柑仔店

- 新北市平溪區平溪街
- (02) 2495-1510（平溪區公所）
- 24小時
- 捷運木柵站1號出口，轉乘臺北客運795號公車（台灣好行木柵平溪線）至「平溪站」下車，步行1分鐘即可到達
- 每間攤位營業時間不同，若有特定店家建議上網查詢

平溪老街是知名廣告張君雅小妹妹的拍攝景點，每當來到這裡就好像回到了以前的時代，不僅有五金行、傳統柑仔店還有許多開店10年以上的小吃店。每當火車經過的時候，老街上方的鐵路就會傳出轟隆轟隆的聲音。若是開車前來，就會看到入口處的天燈形狀彩虹橋，沿著老街往上走就會看到火車站，以及鐵道。平溪最有名的就是天燈，無論是否有節日都會開放遊客前來寫願望、祈福，當點火後天燈就會浮起來飄向天空，象徵願望會一步一步實現。

1 老街美食最好吃的就是鐵道熱腸，有很多種口味，總是大排長龍。

2 平溪老街入口處就是有天燈模樣的彩虹橋，老街上也有很多天燈周邊商品。

3 張君雅小妹妹廣告就是在這拍攝。

1 野馬飛行傘俱樂部還提供飛行訓練，不限航次、不限時間，每天都有開課。

2 在飛行前做足準備，細心確認裝備後才會起飛。

3 從沙灘上高速起飛，沿途看山景賞海景，想不到北區也有這樣的刺激體驗。

野馬飛行傘俱樂部

全世界唯一水上飛行傘

- 先抵達新北市萬里區翡翠17號（福華飯店門前），致電俱樂部後會由專人帶領至飛行場
- 0932-926-289
- 09:00～17:30
- 捷運台北車站東三門出口，轉搭1815號公車至「美崙站」下車，致電後會由專人帶領至飛行場
- 建議開車前往，並於前1、2天聯繫，本運動視天氣狀況決定飛行與否並限制體重在80公斤以內

想在天上自由翱翔、飛到高空上去探索空中世界，絕對不是難事，只要找到全世界第一位以飛行傘飛越萬里長城的野馬總教練，就可以享受刺激飛行體驗，幸運的話還可以俯瞰超可愛的海豚群。野馬飛行俱樂部首創全世界唯一水上飛行傘，不僅起飛安全、飛行時間長且飛得高。是第一個從沙灘上出發，以高速速度飛上空中的飛行團隊，風況好時可以飛至600公尺，若視線良好時，還可以俯瞰整個海岸線，過程採用最佳運動攝影機GO-PRO全都錄，並免費贈送16G高速記憶卡。

野柳海洋世界

超乎想象的地質奇觀

海洋生物展示區可以看到許多海洋生物。

這裡不僅看得到可愛的小海豚、海獅，還能欣賞世界級國際高空跳水表演團從7層樓高一躍而下，甚至還有美豔動人的俄羅斯水上嬌娃表演芭蕾。在表演途中，看得出海豚及海獅與飼養員情感深厚，不只會開飼養員的玩笑，還會偷吃食物，在演出結束後，還能看到飼養員跟海洋生物們的互動，讓人印象深刻。此外，還能前往海洋生物展示區，在那裡不只能摸海星、看海龜，更有海底隧道，將200多種水中生物與野柳奇岩怪石造景融為一體。

- 新北市萬里區港東路167-3號
- (02) 2492-1111
- 週一至週五09:00～17:00；週六至週日09:00～17:30
- 捷運忠孝復興站1號出口，轉搭1815台北-金青中心公車至「野柳站」下車
- 週一至週日海洋劇場演出表為10:30、13:30、15:30；連續假期為10:30、13:00、14:30、16:00

野柳駱駝峰

進碉堡眺望海景

1　碉堡有3個洞口，需以半蹲姿勢入內。

2　往下一看會清楚看到維納斯海岸。

因砂岩地貌、地質景觀特殊而爆紅的駱駝峰，不僅坐擁全台最美海岸維納斯海岸，登上還可遠望野柳岬、基隆嶼、東澳漁港等美景。駱駝峰的前身是駱駝稜線岬角的一部分，但因東澳路開拓而切開山體稜線，使未端的岬角變成現在的一座小山，從東澳漁港看像一頭單峰駱駝，故以此為名。地形多樣化，其中最特別之處就是頂峰前由人工雕鑿而成的獨特碉堡，總共有3個洞口，需以半蹲姿勢進入，從洞中眺望海天一色美景別有一番風味。

- 新北市萬里區漁澳路
- 24小時開放
- 建議開車前往，導航至「龜吼漁港」並繼續直行，即可看到入口處的野柳地質公園立牌，位於502454路燈旁

烏來老街

原住民的村落老街

新北市烏來區烏來街12號
(02) 2661-6442（烏來區公所）
週一至週五10:00～17:00，週六至週日10:00～18:00
捷運新店站出口，轉乘新店客運「台北烏來線849公車」至烏來站下車

提到「烏來」第一個聯想的就是溫泉和泰雅族文化，走在約300公尺的老街中，處處都能看到泰雅族文化圖騰，也有多家溫泉旅社提供泡湯。販售的小吃也屬原住民風味料理居多，很多種山產美食充滿特色，像是馬告料理、山豬肉香腸、竹筒飯、月桃飯，還有溫泉蛋、小米烤麻糬、小米酒等伴手禮。店家都很熱情，常會給試吃、優惠，無論是觀光客或當地人都很愛來訪，不同於其它夜市、老街，除了餐廳、旅店外，幾乎在晚上時就已收攤，所以絕佳的來訪時間為中午至下午。

1 沿路販售不少原住民特色小吃。
2 老街入口不遠處就有泰雅族的壁畫。
3 不只烏來老街，在開車沿路也能見到不少泰雅族裝置藝術。

雲仙樂園

猶如置身於仙境

新北市烏來區瀑布路1-1號
(02) 2661-6510
09:30～17:00
捷運新店站出口，轉乘新店客運「台北烏來線849公車」至烏來站下車，轉搭烏來台車或步行前往
若要託運行李請於16:00前抵達

雲仙樂園是在半山腰的森林樂園，承載著許多大朋友的回憶，同時也是全台灣唯一開車到不了的觀光景點，想進入園區，需要先搭乘能承載90人的大型纜車上山。同時在上山途中就能看到完整的烏來瀑布，猶如置身世外桃源中，看見了所有湖光山色、山明水秀，是全台負離子濃度最高的景點。除了能吸收芬多精，還有生態導覽服務，包括螢火蟲生態、蛙類、蕨類植物，偶爾還會看到較少見的鳥類，吸引不少攝影師前來拍照、記錄。園區服務設施也包括住宿、中餐廳、咖啡廳與販賣部，若想要在彷彿詩中描繪的仙境場景划獨木舟，或是體驗泰雅族的射箭文化、小朋友最愛的漆彈，來趟隔絕都市、隱居山中的小旅行都合適。

1 隨處都好拍，也有飯店提供住宿，夏天還能賞螢火蟲。
2 園區內也有濃濃泰雅族風格，包含大人小孩都愛的射箭。
3 最熱門的划船。

1 光線折射出的倒影，特別有氛圍。
2 有不少人在岸邊釣魚。
3 隨處一拍都很有意境。

濛濛谷

1960 年代的約會聖地

- 新北市新店區頂石厝路51號
- (02) -2911-2281(新店區公所)
- 24小時
- 捷運新店站出口，轉乘新店「F708公車」至頂石厝路站下車，即可抵達

濛濛谷和雲仙樂園一樣，早年在大台北地區是學生及情侶們，口碑相傳的約會勝地。有大量的人潮聚集，也曾有段時間設有水上設施，不過在直潭水壩建成後，水面上升，淹沒了山谷，造就出現在湖泊般的遊憩景點。雖然人潮已不如以往，但還有不少釣魚客前來釣魚，湖水十分清澈，四周有青山環抱，一點風吹草動哪怕小石頭掉落都能起漣漪，湖面上的倒影觸人心弦，也因如此絕美景色，再度成為年輕人眼中的祕境。同時因湖面寬廣而成天然露營區，營地可提供食宿、停車，季節時更有大花咸豐草、南美蟛蜞菊遍布，可前來踏青、散步。

舟遊天下

划獨木舟賞美景

新北市貢寮區福隆里興隆街100號（龍門露營區河濱公園）
(02) 2499-1147(龍門露營區河濱公園)
(02) 8866-2558(門市專線)
09:00～17:00
捷運台北車站轉搭台鐵至「福隆火車站」下車，步行15分鐘

舟遊天下除了在台北門市平常販售獨木舟、野外活動相關設備，同時也在龍門河濱公園經營台灣第1座合法大型獨木舟基地。除了一般的平台舟，還有印地安舟、海洋舟、SUP立式划槳供選擇，其中印地安舟更能最多4人體驗，體驗時長為2小時。下水前教練會先做教學，包含如何使用船槳及遇到緊急狀況時如何自救、請教練協助，緊接著穿上救生衣帶上必要配件後，就能直接出發看美景。緊鄰雙溪河和福隆海域，夏天時甚至能看到福隆飯店舉辦的沙雕比賽，體驗過程中教練會在一旁拍照，結束後會再將照片以雲端連接方式傳至臉書。

1 在下水前教練細心教學。
2 看得到龍門吊橋、福隆大飯店、彩虹橋，在夏天更能看到壯觀的沙雕。
3 除了平台舟還有其他三款可供選擇。

1 紅磚斷垣殘壁的天間車遺址是網紅們必拍景點。
2 步道的終點有觀景台可以直接拍到後面整個步道。
3 不過短短的距離，還有涼亭可休息。

報時山觀景台

360 度的山水美景

新北市瑞芳區金瓜石祈堂路53號
(02) 2496-2800
週一至週五09:30～17:00，週六至週日09:30～18:00
捷運忠孝復興站2號出口搭乘1062路(九份、金瓜石)公車，直達勸濟堂站

喜歡拍照又不愛運動的朋友們，絕對會愛上這裡。想一次眺望瑞芳山水美景，又不想爬山爬1小時以上的你，千萬別錯過這條擁360度視野，全長只有166公尺、徒步只需5分鐘的報時山遼闊觀景平台。全程路途都有階梯和扶手，非常好爬，輕輕鬆鬆就能到頂端，上去後可遠眺陰陽海、基隆山，左側還有壯觀的無耳茶壺山，就連十三層遺址、金瓜石、金水公路等知名景點都能看得到。天氣好時海水藍又漸層，陰天時霧氣瀰漫又別有氛圍，怎麼拍都好拍。山海一線甚至一覽無遺，而走完報時山步道，花不到1分鐘的時間就能走到斷坦殘壁的天間車遺址以及六坑斜索坡道，1個景點就能拍出3種不同風格的美照。

不厭亭、寂寞公路

相看兩不厭的自然美景

新北市雙溪區瑞雙公路
(02) 2960-3456(新北市政府)
24小時
建議開車前往

許多汽車廣告都很喜歡找人煙稀少的道路做拍攝，尤其寂寞公路從不厭亭拍下去，完全被山環繞，彷彿仙境，在爆紅後更吸引知名汽車品牌福特前去拍攝，也有不少自行車及重機車隊來挑戰，因路十分筆直偶有彎曲且看不到盡頭，所以被稱為寂寞公路。不厭亭取自李白詩句「相看兩不厭」，一面可以眺望雙溪區全鄉風景，另一面則能遠眺瑞芳，雖離九份老街等知名觀光景點有段距離，卻擁有高人氣，天氣好時能看到遠方湛藍海水，偶爾又有雲海圍繞，位於台102線公路上雙溪與九份交界處附近，隨處一拍都是美景。不厭亭的下方就是寂寞公路，建議開車、騎車前往，並注意來車。

1 從遠處就能看到不厭亭。
2 不厭亭為一個涼亭，許多自行車車手會停在這稍作歇息。
3 寂寞公路看起來沒有盡頭。

1 黃金瀑布超壯觀、寬闊。
2 每一次來瑞芳，都會來這拍照。

黃金瀑布

山中竟藏黃金美景

新北市瑞芳區金水公路
(02) 2497-2250（瑞芳區公所）
24小時
捷運台北車站搭乘台鐵至「瑞芳火車站」下車，轉搭機基隆客運(往九份、金瓜石)至金瓜石站下車，沿金水公路往長仁社區步行即可到達

許多人以為黃金瀑布就在黃金博物館、黃金神社那邊，但其實黃金瀑布位於六坑口下方的長仁礦區，就在往水湳洞的公路旁，附近也有許多自然景觀。黃金瀑布與其他瀑布不同之處，在於瀑布的水並非屬河道一部份，而是從地下浮水湧出，若適逢大雨時，瀑布水量會更大，十分特別、特殊。同時由於金瓜石一帶有礦脈，地下水和雨水和礦物經過化學反應，水色帶氧化後會呈現金屬礦石顏色，使得黃金瀑布的水色略帶黃色，加上裸露的石塊也是黃色，因此才取名為黃金瀑布，是許多外國朋友最愛的瀑布之一。

1 隧道內彷彿星空迷人又生動。
2 沿途有許多彩繪房子。
3 單趟1.3公里，可選擇單趟150元或來回250元，沿途有許多彩繪房子。

深澳鐵道自行車

自行車沿鐵道線賞風景

八斗子月台：新北市瑞芳區建基路二段121號(八斗子火車站旁)
深澳月台：新北市瑞芳區建基路二段1-1號（建基煤礦 深澳電廠旁）
(02) 2406-2200
09:00～17:00
捷運台北車站轉搭台鐵至「八斗子站」下車，步行1分鐘即可到達
建議事先於官網預購買票，現場只提供候補售票，且不一定有座位

想念韓國江村的鐵道自行車嗎？現在想騎不用再大老遠跑到韓國，在新北市就能體驗深澳線鐵道自行車，不僅適合親子一起出遊，就連情侶都可以來此浪漫約會。鐵道自行車就算不會騎腳踏車可以來體驗，只要踩就可以順著鐵軌前進，全程不會耗費太多體力，就連年長者也能輕鬆騎完全程。遊客可自由選擇要從八斗子還是深澳上車，沿途無論山景、海景通通看得到，不僅能途中有8處色彩繽紛彩繪屋，甚至還會經過閃爍如煙火綻放、星空的夢幻隧道。

山尖古道水圳橋

尋訪三層橋古道

- 新北市瑞芳區五號路119號（119悠活咖啡館）
- (02) 2497-3341(瑞芳區公所)
- 24小時開放
- 捷運台北車站轉乘台鐵至「瑞芳站」下車，搭乘825公車於「隔頂站」下車，即可抵達山尖路觀光步道入口
- 建議開車前往，導航直接設「119悠活咖啡館」即可抵達，從這裡的步道入口進入，走路不到5分鐘

山尖古道是聯絡水湳洞與九份的一條舊路古道。古道的難度並不高，就連小朋友都可以爬得很開心，入口處有很多條，其中最推薦從金福宮旁的步道進入，外表雖沒有任何路標，但走不久就能看到水圳橋遺跡。水圳橋遺跡由3座橋梁組成，別名為三層橋，共分為上中下3層，其中最早建的古橋為最下方的小拱橋，早期因下雨九份溪的溪水容易上漲，行人爬上爬下較不方便，所以才又建了上面2座橋，最上層的水圳橋更是昭和8年就建立了，目前水圳橋遺跡已被列為市定古蹟。

2

1　沿路有很多路線，光是水圳橋就有三條路可抵達。

2　途中會看到許多山區聚落，包含藏身於步道中的119悠活餐點。

3　橋旁也有小路徑可下來，抵達九份溪旁的石頭往前拍，可同時看到三層橋。

3

1　許多茶屋不僅可以喝茶還提供住宿，吸引不少背包客前來投宿。

2　必拍的阿妹茶樓，就是這棟建築讓九份爆紅到國外。

3　進入老街時，兩旁多為販售伴手禮的店家，老街掛有許多紅色燈籠。

九份老街

古樓總是煙籠雨

新北市瑞芳區基山街

(02) 2406-3270(九份遊客中心)

週一至週四08:00～19:00，週五至週日08:00～22:00

捷運松山站4號出口，轉乘客運「1062公路客運」至九份老街站下車

吸引無數日本觀光客的九份老街，因許多階梯圍繞而別具特色，不僅能俯瞰基隆嶼、海景，還有許多特色紀念品店、在地美食，更有很多台灣在地茶葉的茶館、茶屋，其中又以阿妹茶樓最為有名。傳在陸路尚未開通時，物資都需仰賴海路進行，因當時村落只有九戶人家，採買東西時皆要九份，因此現在才命名為九份老街。沿路懷舊建築常讓人忍不住駐足觀賞，夜晚更能看到許多燈籠照射的模樣，來到九份老街必吃的料理足足就有3種，像是從這裡發跡的芋圓冰，以及傳統手作點心草仔粿、創意特色美食五色綜合丸。

潮境公園

巨無霸的飛天掃把裝置藝術

基隆市中正區北寧路369巷61號
(02) 2469-6000(海洋科技博物館)
24小時
捷運台北車站乘坐台鐵至基隆站，轉乘台灣好行濱海奇基線至「國立海洋科技博物館(主題館)站」下車，步行9分鐘即可到達

潮境公園海域是基隆市的新興景點，近年因法國環境藝術家設置的《掃把救星》而爆紅，這項裝置藝術是由很多巨無霸飛天掃把所製成，無論是跳起來或是抓住掃把，都有進入電影的錯覺，讓你一秒進入魔女宅急便或哈利波特魔法世界。公園非常大，不時舉辦各種活動，其中又以每年舉辦的「潮境海灣節」最受歡迎，另外園內也設置大草皮、魚群雕塑、腳踏車道、鸚鵡螺溜滑梯、觀景座椅、噴水池，同時也因潮間帶的豐富生態、海蝕平台與海景，吸引不少國外遊客特地前來欣賞。

1 看起來就像大型相框，拍下來就像電影海報。
2 望幽谷步道坐擁基隆嶼及山海一線的絕世美景。
3 《掃把救星》是潮境公園最當紅的拍照景點。

阿根納造船廠遺址

荒廢藝術的極致

基隆市中正區正濱路116巷75號
(02) 2463-3341(基隆市中正區公所)
24小時
捷運台北車站轉搭台鐵至「基隆站」下車，轉乘101號公車於「和平橋站(原住民文化會館)站」下車，步行1分鐘即可到達
目前已禁止入船廠內拍攝，只開放外側、下側區域給遊客拍照
(本篇照片提供／基隆市政府、張翠如)

基隆IG打卡祕境阿根納造船廠遺址，是許多攝影愛好者喜愛的廢墟外拍景點。於日治時期興建，當時是各鐵路支線的終點站，負責將金瓜石的金礦及其他礦物匯集後再運送到日本。日治時期結束後租借給以建造遊艇為主的美國公司「阿根納造船」，雖然現在已經荒廢，但這裡仍以此為名。裸露的鋼筋水泥很有現代頹廢風格，成為遊客拍照留念的著名景點，就連拍攝著名電影《美國隊長》好萊塢明星克里斯・伊凡都曾來此拍攝廣告取景。

1 留下的遺址雖看似廢墟，但實鏡壯觀，就連美國隊長都來此取景。
2 許多攝影愛好者都喜歡前往拍攝，是外拍熱門景點。
3 阿根納造船廠與正濱漁港距離不遠走三分鐘路即可到達。

1 正濱漁港前的彩虹屋是必拍景點。
2 專業攝影師也熱愛來這拍攝彩虹屋反射至水面上的倒影照。

正濱漁港

水中倒影的彩虹美景

基隆市中正區正濱路72號
(02) 2463-3341(中正區公所)
24小時
捷運台北車站轉搭台鐵至「基隆站」下車，轉乘104號公車於「二信分社站」下車，步行2分鐘即可到達
(本篇照片提供／基隆市政府)

正濱漁港是日據時期台灣第一大港，在西元1934年由日本人創建，自從將漁港屋子彩繪成彩色屋後，便獲得台版威尼斯彩色島稱號，讓原本寂靜的漁村，變成年輕人必訪的景點，天氣好時，漁港會反射倒影停留在水面上，吸引不少攝影師前來拍攝，從前興盛的漁貨商港雖已不再，但也成功轉型為觀光景點，不只每年盛大舉辦海上龍舟賽，還時常舉辦園遊會、各項精彩活動，也因鄰近阿根納造船廠遺址、乾隆時期建造的天后宮，讓不少遊客前來踩點。

鱷魚島觀景平台

狀如鱷魚的島嶼

新北市石碇區北宜路五段
0922-803-071
24小時
建議直接開車、騎車前往，因地段狹小，故建議騎車較佳

能將千島湖及清水澳海景一次盡收眼底的鱷魚島，位於西引島清水澳的西側，因看像一隻巨大鱷魚而得名。當地民間流傳，會有鱷魚島的出現，是因有隻鱷魚長期在清水澳作怪，當地居民深受其擾，因此玉帝特地師法收服，才有如今深受大家喜愛的鱷魚島。而鱷魚島就位於千島湖上，從千島湖觀景台看出去，又會看到不同的景象，不僅會看到鱷魚島的鱷魚尾巴，同時也能看到如同小鱷魚的其它小島嶼，建議來鱷魚島一定要騎車或開車，因位於深山中，較難徒步抵達。

1 千島湖觀景台方向看過去，可以看到小鱷魚。
2 就連旅遊節目團隊也特地取景拍攝。
3 從鱷魚島觀景平台看出去，會直接看到一隻大鱷魚。

1 入口處是100公尺長的淡蘭吊橋。
2 有「石碇」兩字的雕塑路標，上方茶壺為石碇老街早期象徵。
3 沿路上可看溪谷美景。

淡蘭古道（石碇段）

可以俯瞰溪谷的健行步道

新北市石碇區106乙縣道雙溪口68-8號旁
(02) 2663-1080(二格公園)
24小時
捷運木柵站1號出口轉乘欣欣客運666號至「雙溪站」下車，步行1分鐘即可到達

淡蘭古道為清代時期淡水廳到噶瑪蘭廳的主要交通道路，以前船隻就是以溪谷航行運送物資，總共可分為北、中、南3大段，其中又有很多條路線，包含全程2公里的石碇段。淡蘭古道石碇段入口處，是佇立於寧靜清幽山水之間的淡蘭吊橋，從這邊進入一路上可俯瞰石碇溪谷，不僅清閒、好走，還一路通到石碇老街，不少來石碇玩的遊客，都會特別來這健行。

石碇老街

享譽國際的吊橋樓建築

新北市石碇區石碇東街
(02) 2663-1080(石碇區公所)
08:00～17:00，週三公休
捷運木柵站1號出口，轉乘欣欣客運666號至「石碇站」下車，步行1分鐘即可到達

石碇老街有著特殊的吊橋樓建築，利用柱子支撐河床之上，是石碇區最早開發的區域。「不見天街」將2樓樓層的空間涵蓋進1樓走道，街內除了有多棟老建築、百年老鐵舖，還有著名的「阿嬤麻糬」。老街沿著溪岸發展，房子均採用當地溪石建蓋而成，以石砌橋墩所搭成的萬壽橋劃分成東西2條街，光是東街的美食就不少，其中包含「王氏豆腐」百年豆腐店、小朋友最愛吃的「陳記豆腐養生恬點」豆腐冰淇淋。石碇老街周邊也有不少景點，像是「石碇許家手工麵線」，不只能吃到手工麵線，還能體驗DIY流水麵。

1 沿著老街全都是吊橋樓建築，利用柱子做支撐。
2 老街美食以豆腐最為有名。
3 不見天街包含了2層高的天花板，位於老區西街。

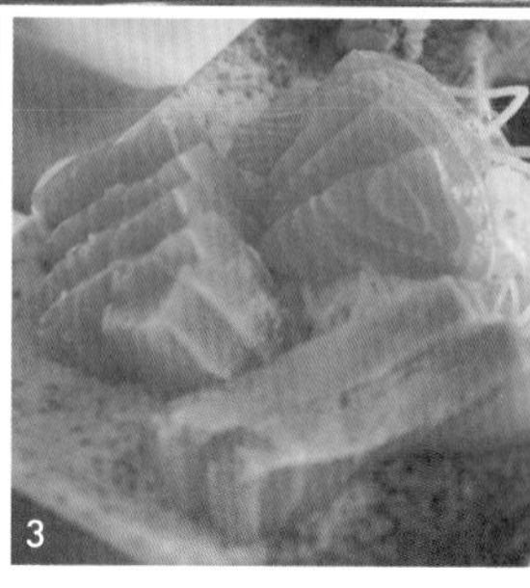

1 富基漁港是最好觀賞夕陽的景點之一。
2 改建的富基漁港多了馬賽克拼貼牆，吸引許多女孩來這拍照。
3 新鮮的各式生魚片，可請老闆直接現切。

富基漁港

擁有造型煙囪的話題漁港

新北市石門區楓林路15～16號
(02) 2638-1367
週一至週五09:30～20:00，週六至週日09:30～21:00
捷運淡水站2號出口，轉搭863、862公車至「富貴角燈塔站」下車，步行7分鐘即可到達

富基漁港經過改建後，有了繽紛新風貌，因為可愛大大小小的造型煙囪，而再次引起話題，牆上馬賽克拼貼煙囪牆是女孩們的最愛，來到這裡除了可以大嗑新鮮活海鮮，還可以拍出不少美照。新建的富基漁港總共分為A、B兩棟，分為魚產品銷售、代客料理，2區中間設有公平秤，讓遊客們能安心選購並比價，許多外國朋友都愛來這品嘗海鮮及體驗特有殺價文化，點愈多老闆就會算的愈便宜。

老梅迷宮

全台最大磚牆迷宮

新北市石門區楓林路27號
(02) 8635-5100
24小時
捷運淡水站1號出口轉搭863號公車至「富貴角燈塔站」下車，步行6分鐘即可到達

想要體驗在電影、卡通中才看得到的復古迷宮，就絕對要來這走一回，不僅鄰近海邊及台灣最北角的富貴角燈塔，就連步道都設在園區內，不少遊客都會特地前來拍照打卡，看起來就像處在童話故事裡，不僅能拍出穿梭迷宮之間的畫面，也能站上磚牆上與天空連一線，若是想俯視完整迷宮，也能從山坡往下拍，更有祕境氛圍，迷宮內藏有幾處階梯，是設計者為了讓小朋友也能與迷宮拍照而設計的，十分貼心。

照片提供／小綠

1　磚牆交替並連結成彎曲又繁複的走道，打造迷宮造型。
2　無論是哪個角度都能拍有很有意境的照片。

石門洞

潮間帶生態之美

新北市石門區崁仔腳台2線28.7公里處
(02) 8635-5100(白沙灣遊客中心)
24小時
捷運淡水站1號出口，轉搭台灣好行-皇冠北海岸線公車至「石門洞站」下車，步行1分鐘即可到達

北海岸擁有全台最豐富的海岸地形，其中位於台2省道28.7公里處的石門洞，不僅擁有欣賞海景的遼闊視野，還有別有洞天風情。石門洞在經過海浪沖鑿、地殼抬升後，造成的特殊景觀，許多新人們都會來這拍攝婚紗照，往石洞更深入的地方走去，還會有位於海岸上的浪漫情人橋，隨處一拍都有在小島度假的錯覺，擁有不少豐富潮間帶生態之美。就連好朋友也能在這拍出許多意境照片，同時也適合一家人前來遊玩。

1 石門洞呈拱形，穿越後就能看到拱橋礁石、藻礁潮池區。
2 隨處一拍都好拍，如同前往小島度假。
3 情人橋就位於海岸上，格外浪漫。

金山老街

300 多年歷史的繁華老街

金山老街以前主要為農產、漁獲集散地，是清朝時最繁華的商業大街，現在搖身一變成了美食聚集地，其早市非常有名，依照不同的季節、產期，可以買到紅心地瓜、跳石芋頭等蔬菜。除了回訪率超高的芋圓王，千萬不能錯過的還有以紅心地瓜、仙人掌等古早味泡泡冰聞名的冰芝林。除了享受當地小吃，在這裡也有很多值得買的伴手禮，像是阿玉蔴粩、一口酥、黑糖糕、手工古早餅乾。

金山最熱鬧的老街就在這裡。

新北市金山區金包里街
(02) 2498-5965(金山區公所)
09:00 ~ 18:00
捷運市政府站 1 號出口轉乘 1815 號公車至「金山區公所站」下車，步行 1 分鐘即可到達

銀河洞越嶺步道

藏在步道的夢幻瀑布

銀河洞越嶺步道內的銀河洞瀑布以仙氣出名，從登山口走到瀑布只需20分鐘左右；全程都有石階，中間也有可以休息的地方，就算平常沒有運動的習慣，也能輕易地抵達瀑布處。若是想繼續健行，還可繼續往深處走。銀河洞瀑布的大小會根據當週雨量做變化，連結瀑布與步道的岩洞中間，有座百年歷史的呂洞賓廟，而位於岩洞中間還有突出的岩壁，由廟口入口處轉角石階拍過去，就能拍出猶如仙境，斷崖峭壁、瀑布、廟宇連成一線的美景。

照片提供／余家庭

2

新北市新店區銀河路68號
(02) 2911-2281(新店區公所)
24小時
捷運萬芳社區站1號出口，轉搭小10號公車至「樟樹步道南口站」下車，步行33分鐘

1 如同仙境一般的美景。
2 從廟宇窗戶探出，如同山水畫很有詩意。

金鮨日式料理

政大學生排行 NO.1 的海鮮蓋飯

台北市文山區指南路二段205號
(02) 8661-6436
11:00～15:00、17:00～20:30
捷運木柵站1號出口轉乘282號公車至「萬興圖書館站」下車，步行4分鐘即可到達

主打平價海鮮蓋飯的金鮨日式料理，一到用餐時間總是大排長龍，高人氣的祕訣就是專為政治大學同學們打造的政男、政女蓋飯，為了讓學生們可以花小錢吃到飽，不僅味噌湯、白飯免費續加，就連海鮮都鋪好鋪滿，要價不用250元。像是政男蓋飯就以南方澳旗魚、挪威鮭魚等新鮮海鮮為主，附贈玉子燒、1大匙的蝦卵，政女蓋飯則是炙燒海鮮蓋飯。為了生魚片的口感，老闆還會特地將生魚片一夜熟成，醋飯更是加了爽口的話梅，非常注重每個細節。

1 店面簡單、樸實，黑板上有手寫菜單。
2 除了海鮮蓋飯，烏龍麵也有超高人氣。
3 高人氣必點餐點：政男蓋飯、烏龍麵鮭魚生魚片套餐。

1 莓果蛋糕、鮮到不行鮮水果粒茶其中莓果蛋糕有半個杯子的高度。
2 咖啡廳內販售不少特色小物，可以盡情挖寶。
3 牆上掛有許多包包，就連販售的毛帽、飾品都成店內擺飾的一部份。

老薑咖啡
Old Ginger café

享受愜意時光的復古咖啡廳

台北市文山區指南路三段6號
(02) 2234-3736
週三至週日13:00～19:00，週一至週二公休
捷運木柵站1號出口轉乘282號公車至「政大站」下車，步行8分鐘即可到達

位於指南路上的老薑咖啡，不但有美味的蛋糕、咖啡，整間店還走文青復古風，販售不少質感小物，無論襪子、毛帽、底片相機、舊式鐵盒都能買到；除了販售的商品，老闆在牆上也會用自己收藏的包包做裝飾，米色系的擺設、搭配，讓整間店更有文藝氛圍。每個桌上還會放2至3本國外書籍做裝飾，許多學生們會帶自己的電腦，來這寫報告或討論功課，讓人有種「家」的感覺。來這一定要吃手工蛋糕，每天會提供不同限量款式，飲料外帶還可以打8折。

知味鄉玉米

用石頭悶燒的玉米

- 新北市萬里區14-3號
- (02) 2498-0345
- 週一11:30～21:30，週二至週五11:00～21:30，週六至週日10:00～21:30
- 捷運忠孝敦化站4號出口，轉搭1815號公車至「頂寮站」下車，步行1分鐘即可到達

知味鄉玉米是萬里高人氣的美食，想要吃還必須提前電話預約，不然現場排隊要排足足30分鐘以上，就連路邊暫停的車子也全都是顧客。能擁有如此高人氣，除了大老遠就能聞到濃濃醬燒味，更有獨家祕方，店家使用的是嚴選的糯米玉米，清洗過後用黑石頭悶燒足足1小時，並在用心碳烤後均勻抹上獨家醬料，一支玉米需經過許多繁複過程，為的就是要讓客人吃到最好的口感。來這除了吃碳烤玉米，必買的還有現榨檸檬冰沙，搭配玉米解膩又清爽。

1

2

3

1　糯米玉米在碳烤前，都會先用黑石頭悶燒1小時。

2　檸檬冰沙使用新鮮檸檬，連檸檬皮一起下去榨，爽口又新鮮。

3　每支玉米都層層把關，包含抹醬都十分均勻。

高家冰溫泉蛋創始店

念念不忘的養生美味

不只賣溫泉蛋，還有溫泉皮蛋、松花皮蛋。

高家冰溫泉蛋創始店，除了冰溫泉蛋，還有養生的紹興口味，製程看似簡單卻花費多時，每顆雞蛋都先滷成半熟的糖心蛋，緊接著再冰鎮，才成了夏天最佳消暑美食。彈牙滑潤的溫泉蛋一天賣上百個，剛開始許多遊客為了泡溫泉才買蛋，但每當快關門時，又會遇到那些遊客特別折返外帶幾盒，一傳十、十傳百成了烏來老街上最有人氣的店家之一。除了溫泉蛋，夏天也有限定山粉圓冰品，平常也販售多項台式甜品，以八寶粥系列最受歡迎，人氣高到不少電視台、媒體都爭先拜訪。

新北市烏來區烏來街 135 號
(02) 2661-7458
08:00 ~ 20:00
捷運新店站出口，轉乘新店客運「台北烏來線 849 公車」至烏來站下車

阿蘭草仔粿

新鮮現做的傳統滋味

已經祖傳3代的阿蘭草仔粿，為選用貯存1～2年的老米，便能使皮較不易黏牙、口感滑順、Q彈。最多人買的就是招牌菜脯米，擁有草仔獨的特香氣，且不鹹又脆，料滿實在。所有的草仔粿都是現場新鮮製作，口味高達5種，是高人氣的傳統古早味點心。

1 有淡淡草香的草仔粿，不僅外皮Q彈，還搭配菜脯米、紅豆、綠豆等包餡。

2 新做好的草仔粿才剛放在桌面上，一下就被掃購一空。

新北市瑞芳區基山街90號
(02) 2496-7795
09:00～20:30
捷運松山站4號出口，轉乘客運「1062公路客運」至九份老街站下車，步行5分鐘

金枝紅糟肉圓

最老牌的紅糟肉圓

金枝紅糟肉圓不僅在製作時加入了糯米粉，皮薄又Q彈，裡面包著滿滿的新鮮筍子、整塊醃製過的上等夾心紅糟肉，最後增添香菜，並淋上2種特製醬料。除了招牌紅糟肉圓，同樣引人注目列為必點餐點的，還有五味綜合丸湯裡頭的每顆丸子都超多汁，一次就能吃到貢丸、竹炭火腿丸、黃金泡菜丸、翡翠花枝丸、紅麴鱈魚丸5種口味。

來這除了吃紅糟肉圓，必點的還有五味綜合丸湯。

新北市瑞芳區基山街28之2號
(02) 2496-9265
週一至週五10:00～19:00，週六至週日09:00～20:00
捷運松山站4號出口轉乘客運「1062公路客運」至九份老街站下車，步行5分鐘

賴阿婆芋圓

五彩繽紛芋圓冰

芋圓發跡於九份，首創芋圓的是一位老先生，原先開刨冰雜貨店，後來靈機一動新創芋圓、地瓜圓。來到九份有2家必吃芋圓店，分別是賴阿婆芋圓和阿柑姨芋圓，其中賴阿婆主打五彩繽紛的芋圓，除了常見的芋圓、地瓜圓外，還有紫薯圓、綠茶圓、芝麻圓，更是一家祖傳4代的芋圓老店。

新北市瑞芳區基山街143號
(02) 2497-5245
08:00～20:00
捷運松山站4號出口，轉乘客運「1062公路客運」至九份老街站下車，步行6分鐘

1 保留傳統小舖風格，掛滿紅色燈籠。
2 特色是除了五彩芋圓外，還會加入大量的綠豆，且加冰完全免費。

天天鮮排骨飯

回憶中的家鄉味

基隆夜市旁隱藏巷弄內的天天鮮排骨飯，往巷內看去，總會發現大排長龍的隊伍，大多數人一次就外帶好幾10份，內用的顧客甚至能免費喝碗味噌湯或蛤蜊湯。天天鮮排骨飯主打的就是回憶中的古早

- 基隆市仁愛區孝三路42巷4號
- (02) 2425-2108
- 11:00～20:00
- 捷運台北車站，轉乘台鐵至「基隆火車站」下車，步行5分鐘即可到達

超高人氣的搭配就是排骨配蝦仁。

味大排骨，除了排骨外，還有大雞腿可做選擇，最棒的是無論選擇哪種，都可以加上美味蝦仁。淋上老闆特製甜辣醬後，配上半熟蛋和台式酸菜跟高麗菜一起享用，是在地人最內行的吃法。

思春紅豆牛奶

文青風的健康飲品

有著超可愛文青Logo跟圓型胖胖外型的思春紅豆牛奶，在2019年6月一開幕時，就引起眾多網美前去朝聖，除了選用在地台灣食材，屏東萬丹紅豆、台中大雅薏仁外，就連花生也都是使用來自彰化的9號花生，新推出的綠豆沙牛奶、黑糖珍珠鮮奶也大受好評，材料手工現炒，連牛奶也都是使用台灣的在地鮮奶，喝完大大飽足感，滿滿台灣味。

1 料放超級滿，老闆給得超大方。
2 可愛圓形杯和文青Logo。

- 新北市板橋區民權路202巷12弄12號
- 0958-373-434
- 11:00～21:00
- 捷運板橋站3號出口，步行7分鐘

金山芋圓王

巨無霸的大芋圓

金山總店
新北市金山區民生路204號
(02) 2498-9997
週一至週五10:00～18:00，週六至週日10:00～19:00（營業時間較不固定，請撥打電話詢問）
捷運市政府站1號出口，轉乘1815號公車至「金山郵局站」下車，步行4分鐘即可到達

金山老街店
新北市金山區金包里街86號
0955-555-564
11:00～18:00
捷運市政府站1號出口，轉乘1815號公車至「金山區公所站」下車，步行2分鐘即可到達

1 加上奶精後更有風味。
2 芋頭和地瓜從洗到煮都是自己來。
3 芋圓仙草奶凍除了芋圓外還有地瓜圓。

位於金山老街內的金山芋圓王，是絕不能錯過的在地美食！招牌芋圓仙草奶凍結合台灣在地特色甜點，不但遵循手法、嚴選精緻、手工現做還天天新鮮！不只如此每顆芋圓、地瓜圓都巨無霸，比一般大小還要大3倍！真材實料又100%純手工，使用台中大甲純天然芋頭和金山在地新鮮地瓜，每天現削現做超級Q彈又無香料！

LA VILLA DANSHUI

浮誇系下午茶華麗登場

新北市淡水區中正路261號
(02) 2626-8111
11:00～22:30
捷運淡水站1號出口，轉乘紅26公車至「家畜試驗所站」下車，步行1分鐘即可到達

LA VILLA DANSHUI就位於紅毛城對面、淡水海關碼頭旁邊，可觀賞夕陽、海景，除了3樓有陽台賞美景吹風、2樓還有鋼琴做夜間演出，就連外觀都是白色3層樓建築，猶如來到峇里島度假，讓人一進門就有放鬆、愜意的感覺。入內後不僅有大片落地窗、工業風空瓶做的裝飾燈、南洋風矮桌藤椅、酒櫃，還有酒桶做的牆面裝飾、北歐風木椅、半開放式廚房。拋開大家對河畔景觀餐廳既有印象，這裡的下午茶、主食，不僅擺盤浮誇漂亮，更精緻、美味，尤其是下午茶套餐，一次可以選擇3款蛋糕，每款都像極蛋糕專賣店販售的頂級蛋糕，讓人忍不住一而再，再而三的回訪。

1 工業風燈飾設計，將空罐子變成燈泡，在氛圍的營造上達滿分。

2 不僅店內布置浪漫，就連外觀都走渡假風。

3 下午茶套餐可任選3種蛋糕，甜點會依照所選蛋糕創意擺盤。

深度紀行×羅曼蒂克之旅×我是冒險王

今天，你想要用什麼樣的方式玩台北？
無論是上山下海的冒險之旅，
盡情享受二人天地的情侶出遊，
或用各種方式深度感受台北的每張面孔，
為你精心準備的 30 條路線，
QR code 一掃，即刻就出發！

路線

1 深度紀行

走在潮流最尖端

最時尚的信義區，除了能雙腳離地、飛向空中、遨遊世界，還可以進入時尚圈，享用視覺系泰式料理和創意分子調酒！

1 i-Ride 無限飛行事務局

由台灣科技團隊重磅打造，不僅擁有專利懸空式電子驅動各項設備，還能讓體驗者雙腳離地、飛行於高空，輕輕鬆鬆就能遨遊全台灣及多國知名景點。

2 信義商圈

走在時尚尖端，擁有3棟新光三越、3棟微風百貨、台北101大樓、貴婦百貨、遠百信義、信義誠品、統一時代百貨、ATT 4 FUN、信義威秀等12間以上大型商場。

3 Thaï.J泰式料理

坐擁花園視覺101景觀，搭配法式水晶燈，就連泰國人都愛！在餐點上的創意，顛覆饕客們對泰國菜的刻板印象，結合法式品味，使料理細膩且多層次。

She_Design TAPAS SOJU BAR

全台最時尚酒吧，不僅有浮誇系列燒酒、調酒，還主打分子調酒、視覺料理，在這裡調酒不再只是液體，而以各式各樣的形式呈現。

路線 2

深度紀行

這樣玩信義才內行

來到信義區，除了逛各大精品百貨外，也可來趟輕旅行，不僅能看蝙蝠、走訪眷村、逛假日市集，還可以到幾米月亮公車內拍照！

1 賴床

店裡滿牆梳洗用具、睡衣寢具，門口甚至放著一張床，吸睛餐點包括：起司多到流口水鐵板蛋餅、椒麻雞腿排刈包、賴床獨家炒泡麵、泰式炸香蕉，是間超創意早餐店。

2 Skyline 460

位於台北101大樓內，是亞洲最新最高戶外平台，不僅可以俯瞰大台北美景，還能享受雲朵咖啡、拍專屬紀念照，只要裝備安全繩索，就可輕鬆體驗！

3 L.A PHO

午餐

被譽為最時髦越式餐廳，吸引不少知名藝人光顧，像是國際巨星林俊傑、梁靜茹、蕭敬騰都曾來此聚餐，必點的餐點為招牌火車頭越式河粉、越南海鮮酸魚湯。

4 幾米月亮公車

以幾米繪本《月亮忘記了》為主題打造的月亮公車，為全台北第一座幾米主題的大型戶外裝置，是幾米迷不能錯過的景點！

四四南村 5

為台北地區的第1個眷村，身為鬧區中的眷村，不僅具有濃濃文青氣息，假日還有二手、創意市集，每週日的午後也有獨立音樂人現場演出。

6 舊埤溪和興炭坑×拇指山情人樹金龜婿洞

不僅有燒陶壁畫、鐵軌、蝙蝠洞，還能到情人樹祈求好姻緣，而情人樹別於月老廟，不只求得愛情，還能求事業、友情、親情。

7 MUVIE CINEMAS

位於遠百信義A13內，不僅能享受可調式尊榮座椅看電影，音響更使用隱藏式7.1環繞音響，除了視覺、聽覺饗宴，更提供味覺上的無國界精緻佳餚！

晚餐

路線

3

深度紀行

特色踩點╳街頭壁畫

西門町結合許多異國文化，不僅有美式風格壁畫街，還有象徵平權進步發展的彩虹TAIPEI、一甲子日式老店及超多扭蛋店。

1 八拾捌茶輪番所

藏身於鬧區的日式茶屋，不僅在這裡可以品嘗和風菓子、糰子及抹茶，還可以享受台灣好茶、台式菓子、蔬食餐點，並體驗DIY泡茶樂趣。

2 彩虹TAIPEI

象徵平權進步發展的打卡熱點，象徵著力量、希望、自然、自由、藝術，有勇往直前、活出自我、多元、自然等意義。

3 西門紅樓＋16工房

紅樓為三級古蹟，位於紅樓內的16工房入駐不少文創店家，在紅樓周圍還有很多支持台灣平權的店家，假日也有創意市集可以逛。

4 西門町壁畫街＋西門商圈

來西門絕對不能錯過擁有美式街頭風的壁畫街，從美國街一路延伸至台北電影主題公園，具有許多美式壁畫、服飾飾品店，同時西門商圈也是全台北最熱鬧商圈。

5 雞排本色

有著雞排界「無色素馬卡龍」稱號，顏色都以天然食材、蔬菜調製，總共有10種口味，是西門町最道地、創意的特色雞排。

路線 4

深度紀行

古宅洋房的老式風情

曾有台北最繁華地區稱號的大稻埕，是台北最早的開發區域，除了獲得外國人一致推薦，甚至遺留大量的早期洋房，隨處走走都像穿越回古代。

1 永樂春風茶館

滷肉飯的滷肉選用林華泰的凍頂烏龍茶為底，提供的下午茶套餐集結大稻埕5大老店糕點、6種滋味，具有濃濃台式風味。

2 迪化街商圈

除了能找到百年傳統的老店、台灣風格雜貨專賣店，還有許多傳統食材、補品、道地茶葉，以及不少伴手禮、文創店家、手工服飾。

3 豐味果品

集結全台灣最鮮甜、特別的水果，像是星蘋果、紅肉李、有機無花果等特殊水果，就連外國人最愛的芒果雪花冰、無花果冰沙、各式果乾也有哦！

4 魯蛋茶酒館

除了有12星座特色調酒，還有為茶酒打造的漂漂河，能同時喝到台灣茶葉所泡出的熱茶以及台式調酒。

路線

5

深度紀行

淡水老街自在遊

來淡水老街除了可以搭渡輪，前往漁人碼頭、八里左岸，更可以在八里左岸騎腳踏車遊河畔，享受愜意的一日！

1 許多肉創意食堂

是全北投最具質感、擁有多肉植物環繞的超美餐廳，來這必點鹹甜都有的雙人豪華下午茶套餐，以及招牌小仙女的起司豆腐、柚子胡椒海鮮義大利麵。

2 八里左岸公園

位於八里渡船碼頭到十三行博物館之間，擁有規劃完善的自行車道，沿途設置許多休閒設施、景點、裝置藝術，並有多處可租借腳踏車、電子車。

3 十三行博物館

為全台首座考古博物館，將館區分為3組不同型態建築群，以清水混凝土、砂岩及老化的金屬板等，構築而成具有強烈設計感，入口處樓梯壁畫為著名打卡點。

4 淡水老街

分成內外2側，外側是淡水河岸的金色水岸步道，可欣賞夕陽落入海面的美景，有許多夜市遊戲可以遊玩；內側則是傳統老街，街道兩旁都有熱鬧的商店及人氣美食。

路線
6
深度紀行
自日到黑夜，東區不停歇

想了解東區潮流文化，就來趟瘋狂主題式行程！除了享受話題性十足的餐飲，還要玩高科技VR、績攤情趣主題餐酒館。

1 Sugar Miss

將珍珠奶茶瀑布與大理石蛋糕結合，根據不同口味夾藏驚喜內餡；除了豆腐岩咸風蛋糕，還有千層蛋糕、舒芙蕾，整間店皆呈現大理石風。

2 東區商圈

在東區巷弄中，有許多具獨特自我風格的特色店家，無論是潮流服飾、浮誇系餐飲、燒烤火鍋街、夜間酒吧，都非常有特色，不同時間來會有不同的玩法，愈晚愈熱鬧。

3 雨田先生手沖飲品吧

趣味辦公室風格，主打超卡哇依柴犬飲料，不僅能在飲料上，放柴犬、巴哥造型手工棉花糖，還能搭配不同主題手工餅乾。

4 TripMoment VR時刻旅行樂園

全球第一家以VR旅遊為主題的樂園，結合高科技VR和設定的故事情節、氛圍，用整套服務、完整細節，讓大家深入其境。

5 房間餐酒

以情趣用品為主題的餐酒館，店內還有張擺滿SM玩具的床，不僅餐酒單設計大膽，連同餐點調酒本身也美味十足。

路線 7

深度紀行

大安優閒的一日

台灣有許多在地美食，每年都會吸引不少國外旅客來台，這次要介紹最道地玩法，推薦最值得吃的小吃！

1 木易子食所

紅遍日本，上過不少日本雜誌和旅遊書，位於大安區巷弄內，主打招牌西瓜外型的果昔聖代，紅到國外，將台灣水果發揚光大，鹹甜餐點都超好吃！

2 大安森林公園

高達26公頃有著都市之肺美名，除了能欣賞佛像雕塑區、南之竹林區連成的特色園景，還能看到池中錦鯉魚嬉游其間，遍布在陽光大廳和水瀑廣場的5隻青蛙。

3 永康商圈

位於大安區的著名美食購物商圈，涵括了永康街周邊的麗水街、金華街，以及信義路二段的部份巷弄，以文創、在地美食出名，每條小巷、轉角都有意想不到的驚喜。

4 白水豆花

用傳統及創新的手法融合宜蘭雪山湧泉、有機黃豆、深層海水，每碗豆花都會撒上傳統麥芽糖花生磚刨的花生麥芽糖粉，搭配自家種植有機香菜。

安東街彰化肉圓 5

擁有台北東區地表最強肉圓、黃金3小時肉圓稱號，從開賣到售完為止只有2～3小時的營業時間，肉事先就醃過，還加上滿滿筍絲，皮滑嫩又Q彈。

路線 8

深度紀行

陽明山踏青解憂之旅

以大屯火山群為主體的陽明山國家公園，天然景點無論是親子踏青、情侶約會或深度旅行都很適合。

1 陽明山國家公園

最著名景點為陽明公園（中正公園）花鐘，綠草為底、花卉點綴其中，隨著整點會播放音樂，園區內還有噴水池、櫻花林、杜鵑茶花園、飛龍雕塑區等景點。

小隱潭瀑布 2

除了乳白色的硫磺溪泉，還能近距離與瀑布合照；潭瀑與青色、白色岩壁相互輝映，呈現夢幻浪漫的色澤，不時還會飄散淡淡的硫磺味。

3 小油坑

為一處後火山活動地質景觀區，在眺望平台可遠眺竹子山、大屯山、七星山、金山海岸等美景。

4 擎天崗

是熔岩階地，特色為擁有超大片的草原，目前主要由類地毯草及假柃木等組成，特色是超多隻早年放牧未領回，自然繁衍的20多頭野化水牛！

路線

9

深度紀行

文青的藝術潮流夢

想要來趟藝術潮流之旅，就絕對不能錯過以台北當代美術館為首的赤壁街和大同街區，並在巷弄中的特色小店打造自己的風格，保證是文青們的最愛。

1 赤峰街

當代藝術館邀請許多藝術家在巷弄、街道即興創作後，使赤峰街色彩更鮮明，這裡不僅巷弄中藏有各式各樣壁畫，每間店鋪的店面設計，也都獨一無二、吸睛。

2 SNAPPP寫真私館AKA赤店

位於赤峰街上，這是間專門販售底片、捕夢網、手工飾品的店家，將所有用過的底片當作店內裝飾，浮誇設計讓它在網路上爆紅，是赤峰街必逛店家之一。

中山地下街

逛完赤峰街，沿途可從中山地下街穿到台北當代美術館，這裡有著亞洲最長地下書街，串聯重要的捷運車站，提供多元化商品、百貨及餐飲、公共空間設計。

3

4

台北當代藝術館

本身為日式建築，擁有黑屋瓦屋頂與塔樓，超級好拍照！不同領域的藝術都會在這展出，像是最創新前衛的視覺造型、媒體科技、建築等設計、時尚流行。

5

師大夜市

最有名的是流行服飾、包包、小物件、帽子，有如韓國女人街、東京原宿，以女性客群為主，所有最新潮流都在這裡，也有很多特色剪髮店、甜點專賣店。

路線 10

深度紀行

漫遊淡水河景賞洋樓

在淡水漫遊河畔，除了能賞景還可以吃下午茶、參觀洋樓；若是好天氣，可以上觀音山參拜被列入金氏紀錄的千手觀音，或到淨心橋與錦鯉嬉戲。

千手千眼觀音菩薩坐佛聖像

獲得金氏世界紀錄™認證，為北海岸最新特色地標，神像內部還規劃了大殿、講堂、佛教文物美術館等空間，是台灣禮佛大廳大尺度設計的先例。

1

2

緣道觀音廟

有全世界首座設置三十三觀音石雕的庭園，外觀採仿唐式建築風格，以木材為設計主軸的，其中淨心橋是著名打卡點之一，為立於淨心池上的優美拱橋，可全覽園區景觀。

3

LA VILLA DANSHUI

外觀為白色3層樓建築，拋開大家對河畔景觀餐廳既有印象，這裡的下午茶、主食，不僅擺盤浮誇漂亮，且精緻美味。

4

淡水海關碼頭

擁有3個展區及倉庫，外觀皆呈現西班牙時期的紅磚建築，不定時會有展覽展出，常有免費互動式體驗遊戲，適合親子一起遊玩，也能在這賞河畔美景、夕陽。

6

領事館咖啡

於1995年開幕，整間店布置走西班牙風格，不僅有老闆蒐集的各國紀念品、民俗工藝飾品，提供的餐點也以咖啡簡餐、地中海美食套餐為主，是間特色咖啡廳。

5

淡水紅毛城

回到17世紀一級古蹟紅毛城，圍牆上九面旗幟代表著這近300餘年的歷史背景；旁邊的前清英國領事官邸也很值得參觀，裡頭放置許多家具，彷彿回到1860年。

路線 11

深度紀行

最獨家的私房清單，吃喝玩樂都包辦

從有邀請函才能進入的紫園到需要預約的低調餐廳，以及隱身在都市中心培養年輕藝術家的寶勝畫廊，這些讓人眼睛一亮的隱祕地點，絕對是你口袋名單的殺手鐧。

1 紫園

都市裡的桃花源，由國畫大師張大千親筆提名，這裡有享譽國際高達500棵的藝術盆栽，需邀請函才能進入，是全台最隱密的特色博物館。

Podium 2

這家私廚餐廳，除了重新演繹亞洲菜餚，在食材選用上同樣講究，使用許多特殊的少見食材，在用餐前還可與私廚討論想吃菜色，需預約才可進入。

3 國立故宮博物院

擁有60多萬件珍藏，為世界級的博物院，是台灣必去景點之一，收藏的文物珍寶是舉世聞名的文化資產，全部逛完需至少2小時以上。

香華天・新藝境 4

將藝術與時尚做出完美融合，每款商品涵蓋中國文化、當代藝術、時尚風潮等深厚底蘊，不僅有許多文創、藝術商品，位於B1的寶勝畫廊，還可免費開放參觀。

5 一千零一夜廚房

來自伊朗正宗中東波斯菜，所有餐點都遵循伊斯蘭教義，運用清真認證食材料理，除了紅石榴、開心果特色餐點，還能體驗水煙、觀賞晚間肚皮舞表演。

路線 12

深度紀行

用溫泉洗滌身心靈的疲憊吧

北投市場有許多連在地人都超愛的美食，來到北投除了泡湯外，也可以觀賞火山地質景觀、走訪霧氣瀰漫的仙境，把所有的煩惱全拋到九霄雲外。

1

矮仔財滷肉飯

午餐

北投區最有名的小吃，位於北投市場內，這裡的古早滷肉飯加豬皮，讓許多饕客從2樓排到1樓也願意，小菜也多樣且平價，花小錢就能飽足一餐。

2

高記茶莊

是家老字號傳統手搖，5人份的古早味紅茶只要銅板價。創立於1982年，不僅使用100%茶葉的沖泡，使用一砂蔗糖，就連鮮奶都是大牌廠商，讓你喝得安心！

3

臺北市立圖書館 北投分館

台灣首座綠建築圖書館，建物使用的木材、鋼材，可回收再利用，整體外觀很有日式氛圍，除了看書還能欣賞建築。

4 地熱谷

聞名國際的必訪景點，因高溫而有大量煙霧，多次躍上國際媒體、登上地理雜誌，霧氣瀰漫猶如仙境，隨處拍都能拍到美照，入口處的溫泉蛋也超好吃。

5 硫磺谷溫泉泡腳池

泉色呈黃白色有硫磺味，不僅可以免費泡腳，還能觀賞火山地質環境硫磺谷；硫磺谷本身因地熱而冒煙，加上湖面倒影，被列為北投3大必看景點之一。

路線

13

深度紀行

穿梭歷史的古蹟巡禮

想來趟穿越時空之旅，一定要來台北市的發源地——艋舺！除了保留清朝街道的剝皮寮歷史街區和日式鐘樓，還有全台第一座觀光夜市，帶你看盡各個年代不同的風貌和繁華！

1

西本願寺

西本願寺與於1923年建造，是座擁有日式建築特色的鐘樓，除了被列為市定古蹟的樹心會館和鐘樓外，另外還有本堂、御廟所、庫裡可以參觀，還可順道遊玩西門商圈。

2

剝皮寮歷史街區

延續清朝街道，這裡的紅色磚牆、拱型騎樓、雕花窗櫺、牆上塗鴉彩繪，呈現典雅樸實之美，一進入就像不小心闖入電影場景，穿越回到清領時期。

龍山寺 3

二級古蹟的3大名勝之一，擁有全台僅有的一對銅鑄蟠龍柱，來這裡除了參拜觀世音菩薩，還能求月老拿紅線；捷運站出口還有地下命理街，吸引不少外國旅客前來體驗。

華西街觀光夜市

以販賣各式山產海鮮野味小吃為大宗，是國內外的觀光客最鍾愛的景點之一，充斥許多台灣的在地特色，例如：挽面點痣、台式按摩店等，還能品嘗蛇肉、鱉及各式傳統小吃。

小王煮瓜

這是家榮獲多次米其林必比登推薦的美食餐廳，除了招牌清湯瓜仔肉，必點的還有蒜泥雞、魯肉飯、控肉飯，絕對不能錯過！

路線 14

深度紀行

藝文特區╳老街巡訪 DIY 玩創意

新北市最值得去的2條老街非鶯歌、三峽莫屬了，不只能DIY體驗做陶瓷，還可以玩藍染、買手工藝、拍美照。

1 板橋435藝文特區

園內除了有大片草原提供遊客野餐，也有司令台、藝文教室、展覽空間、玩具博物館、枋橋大劇院、濕地博物館，不僅好拍還好玩。

2 坐一下吧

板橋最平價知名的壽司，握壽司巨大又新鮮，在開門前就有不少人前來排隊，一次限定只能點4貫壽司，原因是1貫跟手掌一樣大，巨無霸又好吃。

3 鶯歌老街

有台灣景德鎮之稱，無論是街頭塑造或是路口意象的設計，都具有陶瓷風格，來到這裡可以買到很多便宜的陶瓷餐具，還可以DIY體驗自己做陶瓷杯、碗盤。

4 三峽老街

曾獲得全球建築金獎亞軍及各大建築獎項，相連不斷的紅磚拱廊、巴洛克式立面牌樓是三峽老街的建築特色，來這不只要買手作服飾、包包，還要玩藍染DIY。

路線 15

羅曼蒂克之旅

親近自然的夜宿帳篷野餐趣

想來一趟親近自然的情侶2日遊？那就去內湖採草莓、野餐、露營、吃美食吧！所有電影中的浪漫情節都能實現，讓對方感受滿滿的愛。

1 桂香草莓園

草莓以溫室栽培不用擔心下雨天影響，種植出的草莓，香味特別濃郁、口感香甜，不僅可以DIY草莓醬，運氣好還可以拔蘿蔔、採花椰菜、高麗菜及大陸妹。

2 大湖公園

湖面波光粼粼，視野開闊，每當假日就有許多人來此搭帳棚、野餐，晚上更有不少釣魚客前來釣魚，曾因一張錦帶橋前的照片登上法國世界報，被譽為世界級美景。

3 碧山露營場

免費露營園區，只要線上申請就可以免費提供場地，需要自備帳篷、睡袋，園區內還有遊憩活動區，像是心臟主題園區、矩形活動廣場、涼亭、林下草皮區。

4 737巷美食街

從小吃攤到店家，台灣道地小吃到異國料理，所有想得到的美食這裡都吃得到；其中最有名的就是豬大郎豬血糕、真味肉圓、巨無霸3色大炒手的湖涂私房料理。

路線16 羅曼蒂克之旅

外拍情侶照的最佳地點

每段戀情都有獨一無二的小故事，包含去了哪裡、做了什麼，這時候如果能拍張照，記錄每個快樂的瞬間，那回憶就能永遠被留下了。

1 站食可以（午餐）

位於公館商圈內，招牌海南雞飯無論是男孩、女孩都超愛，將溫體雞腿悶煮至熟，肉質軟嫩口感鮮甜又貼心去骨；另外還有蔥燒醬豚、祖傳獅子頭、好吃雞肉。

2 公館商圈

從羅斯福路、汀洲路一路到新生南路，鄰近許多校區，因此附近有多種銅板美食，還有許多文青、年輕的衣服及可愛配件還有招牌打卡點水源市場。

3 紀州庵文學森林

是台北市第1個以文學為主題的藝文空間，分為新棟及舊棟，新棟目前有3層樓，不僅有茶館、書店、展覽空間，不定期還舉辦文學類型的展演活動、講座。

同安街壁畫 4

里長集結不少居民、學生，邀請藝術家們前來合作彩繪牆壁，每一條巷弄的插畫都結合當地特色、利用廢棄物裝飾，造就現在的IG熱門打卡景點「施洛德花園」。

華山1914 文化創意產業園區 5

保留舊建築結構並結合新的創意元素，為老屋新力之創新展現；園區內藏有各種文創店家、展覽、咖啡廳，而展覽時常為快閃活動，可開放入場參觀。

路線 17

羅曼蒂克之旅

一日日系浪漫約會

想帶對方出國，卻忙於沒有時間、金錢嗎？那麼就來趟台灣式的日本之旅解解饞，放鬆身心、再度從疲憊的生活中打起精神！

1 飛機巷

想出國卻沒時間的小資女、喜歡各種飛機&戰鬥機的男孩子，都能在這找到一片天，這裡是最佳賞飛機的景點，許多情侶都會特地來這拍照，一起看飛機。

2 上引水產

大嗑海鮮來這就對了！這裡的海鮮都是活體水產、新鮮直送，想要豪邁吃遍生猛海鮮，不用再到國外，在台灣也可以吃得到，除了生食也提供多種日式燒烤熟食。

3 La vie bonbon

玻璃甜點櫃內，擺滿當日新鮮現做的水果蛋糕，每款都讓人感到療癒、食指大動；店內走可愛風格為日本人所開，必點的有招牌哈密瓜蛋糕、日式水果戚風蛋糕。

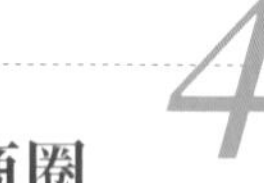

4 中山商圈

除了逛逛誠品生活，看各式時尚衣服、台灣品牌文創精品，還可品嚐來自日本的FLIPPER'S奇蹟的舒芙蕾鬆餅、同樣位於中山商圈的好食多涮涮屋、老上海生煎。

路線

18

一起奔向自然吧！

羅曼蒂克之旅

吃飽喝足後前進木柵動物園和動物們玩耍，再搭乘空中纜車一起俯瞰台北綠意盎然的山景，即便花小錢也可和另一半共同創造美好回憶。

金鮨日式料理

文山區最有名的排隊名店，一到用餐時間總是大排長龍，高人氣的祕訣就是專為政治大學同學們打造的政男、政女蓋飯，讓學生們可以花小錢就吃到飽。

1

2

老薑咖啡 Old Ginger Café

文山區必吃的人氣手工蛋糕店，整間店走文青復古風，販售不少質感小物，無論襪子、毛帽、底片相機、舊式鐵盒都有，一整天賦在這都沒問題。

臺北市立動物園

為世界前10大都市型的動物園之一，園區內有超過400種的動物，包括熊貓、無尾熊、長頸鹿、企鵝。

3

貓空纜車

總共有4個站讓乘客上下車，最推薦遊玩路線就是從動物園搭乘至指南宮參觀，再至終點貓空站品台灣在地茶。

4

路線 19

羅曼蒂克之旅

牽手玩雲霄飛車╳逛夜市看夜景

約會時，餐廳不僅氣氛重要，環境好壞、佳餚都各占一部分元素，想來場浪漫爆表的約會，最後的夜景經典可是不可或缺的重頭戲啊！

1 Wood Pot

森林系風格讓這裡每一處都像攝影棚，包含各式創意料理，完整呈現出熱帶風情，將餐點都與水果結合，視覺擺盤超浮誇。

2 兒童新樂園

熱門設施除了刺激的海盜船、雲霄飛車、摩天輪，還有海洋生物造型的旋轉木馬海洋總動員，以及女孩們最愛的拍照景點：星球造型的宇宙迴旋椅。

3 台北市立美術館

除了歷年和當期展覽，也時常舉辦主題活動，藉由畫家與粉絲的交流、互動創下許多話題，同時也有圖書室、視聽室、藝術書店及餐飲區等區域。

4 士林觀光夜市

為台北最大的夜市，傳統美食非常多，包含臭豆腐、地瓜球、炸雞排、雪花冰、大餅包小餅、青蛙下蛋、藥燉排骨湯、蚵仔煎、夜市牛排、烤杏鮑菇等道地小吃。

5 The Top 屋頂上

榮獲亞洲設計獎餐飲空間類創意設計，風景視角是所有夜景餐廳中最廣的，猶如來到峇里島，很有南洋風情，不僅能看大台北最美夜景，還能喝特調、吃宵夜。

路線

20

羅曼蒂克之旅

有山有水的一日輕旅行

想來趟輕旅行，那就搭乘火車前往瑞芳火車站，購買平溪支線一日券，搭乘平溪線火車，前往放天燈、賞瀑布吧！

菁桐老街 1

除了有全世界唯一天燈派出所，還有滿街祈願竹筒，以及火車站站長公仔、郵筒，同時也因鐵路較寬大，成為3站中最適合和火車拍照的一站。

十分瀑布 2

垂簾型的瀑布，岩層傾向與水流方向相反，有著逆斜層特徵，並擁有台灣尼加拉瀑布的美稱，與北美洲尼加拉瀑布相似，雖然較小但是一樣聲勢浩大、氣勢不凡。

平溪老街 3

為知名廣告張君雅小妹妹的拍攝景點，不僅有五金行、傳統柑仔店，還有許多開店10年以上小吃店，最有名的就是天燈，無論何時都有遊客前來寫願望、祈福。

鐵道熱腸 4

平溪最有名的道地小吃，已開店20年以上，除了販售香腸還有五味雞排，口味多種還多汁飽滿，許多旅遊節目都有介紹過！

路線

21

羅曼蒂克之旅

感受自然的生活氣息

前往絕美仙境瀑布前，先享受如童話故事般，夢幻的天鵝船之旅，在環完碧潭、賞完瀑布後，浪漫的一起分享上帝之果巴西莓。

碧潭風景區

除了能與另一半踩天鵝船遊碧潭，還可在新店地標碧潭吊橋、真愛碼頭、觀景台拍下合照，若有時間也可前往親水步道踏青、遊河畔！

1

(照片提供：余家庭)

銀河洞越嶺步道

從入口處到銀河洞瀑布只需不到半小時的時間，由廟口轉角拍向瀑布，就能拍出猶如仙境，斷崖峭壁、瀑布、廟宇連成一線的美景，是近年最受歡迎的步道！

2

AMAVIE巴西莓

3

全台最熱門的巴西莓專賣店，巴西莓在巴西被尊奉為上帝之果可以抗氧化，在補充營養的同時，還享有瘦身功能，是健美人士的最愛。

NATURAL KITCHEN

這間是擁有日式風格，高質感、便宜的生活小雜貨，店家設計的十分窩心，很有日本生活雜貨小舖的風格，每月都有季節性新品。

4

路線 22

羅曼蒂克之旅

手作溫度的深刻記憶

想為美好戀情留下永遠的回憶嗎？親手做的禮物不僅有溫度，還獨一無二，除了讓對方感動，還能增溫感情，讓這段關係更加穩固。

1 軟食力Soft Power

除了招牌軟蛋餅外，也以饅頭加蛋為發想，推出饅力堡系列，將九層塔蛋、五香豆乳雞、油條、花生醬等食材做多種搭配，還供傳統手工飯糰做選擇。

2 松山文創園區

除了是國際性的文創聚落外，也提供平台讓大家參與藝術與原創，體驗無限創意；每週五至週日還會舉辦假日市集，並不定時舉辦各大國際展覽、互動展。

HUBOX職人手作造型燈 誠品松菸店 3

位於松菸誠品2樓的手作復古工業風燈具，可與伴侶一起製作復古燈，從挑選木頭開始，切鉅、雷刻、組裝管件，通通自己來，還可以客製化圖片。

4 叁食

不僅店外就栽種了仙人掌，就連環境都很有北歐風格，餐點上除了香草籽焦糖布丁、原味司康佐柳橙糖片，還有高人氣的小太陽蛋飯糰、起士蛋薯條等主食。

5 易烘焙DIY Ezbaking

使用平板教學，讓從來沒有經驗的人，也能成為烘培高手；設備非常齊全，圍裙、廚具都十分可愛，輕輕鬆鬆就能做出心目中具有溫度的手作蛋糕。

路線 23

羅曼蒂克之旅

與你度過的浪漫時光

想要來趟法式的浪漫之旅，那就到玻璃屋吃飯、看大型娃娃屋、體驗造紙DIY、走訪藝術村，最後再用燭光晚餐當驚喜吧！

1 Angel café

高人氣的玻璃屋餐廳，走叢林系風格，以大量植物裝飾，一入門就有陽光直射，自然採光超好拍，餐點平價又走視覺系風格，配上紅到國外的手沖咖啡，堪稱完美。

2 袖珍博物館

在這裡可以欣賞到：娃娃屋、夢幻屋盒，還能看到歐洲傳統廣場、榮町商店街、羅馬遺跡、英國皇家閱兵大典、路易十四鏡殿等模型，無論男孩、女孩都會喜歡。

3 樹火紀念紙博物館

全台唯一的紙博物館，可以和另一半一起體驗造紙DIY，以活潑的展示設計和引導，讓在地人、遊客都可以從中了解台灣紙的歷史文物及蒐藏。

4 寶藏巖國際藝術村

台北最大的國際藝術村，藝術村內設有14間藝術家工作室，以及文青風格小舖、咖啡廳，不定時有戶外展演、展覽，並有許多裝置藝術、壁畫，隨處一拍都好看。

5 沾美西餐廳

除了能吃浪漫燭光晚餐，途中還有鋼琴演奏，整間店走暖色系風格，牆上掛了不少畫作，地板鋪有歐式地毯，就連甜點都擺得像國外舞會一樣精緻。

路線 24

我是冒險王

與海洋的一日共舞

發揮冒險精神，到台灣的東北角挑戰有水上飛行傘之稱的滑翔翼，看跳水及水上芭蕾表演，爬上駱駝峰觀賞維也納海岸。

1 野馬飛行俱樂部

全世界唯一的水上飛行傘，為第一個從沙灘上出發，以高速飛上空中的飛行團隊，風況好時能飛至600公尺以上，視野極佳可俯瞰整個海岸線。

2 野柳海洋世界

不僅看得到可愛的小海豚、海獅，還能欣賞世界級國際高空跳水表演團、俄羅斯嬌娃跳水上芭蕾，以及高達200多種生物的海洋生物展示區。

野柳駱駝峰 4

擁有天然風化、海蝕樣貌，隨處一拍都是美景，不僅擁有獨特碉堡，還有3個洞口可供拍照、從洞口拍出去還可看到基隆嶼。

照片提供／Ginny

5 龜吼漁夫市集

在這裡可以吃到各種活海鮮、新鮮魚產、生魚片、萬里蟹，由萬里當地漁船主經營，一旁設有觀景平台，可登高欣賞龜吼漁港的風貌。

野柳特產街 3

離開海洋世界走路不到2分鐘，就可抵達此處買特產，還有小魚乾、魷魚絲等小吃，若有時間還可到一旁的野柳地質公園走走，看野柳著名地標女王頭。

路線 25

我是冒險王

湖光山色激灩遊

乘坐超巨大纜車，俯瞰烏來瀑布、玩射箭、漆彈、划獨木舟觀湖，前往原住民風味老街吃馬告料理，回到1960年代約會聖地探險。

1 烏來老街

不僅可以享受烏來溫泉，還有許多原住民小吃，像是馬告料理、山豬肉香腸、竹筒飯、月桃飯，以及必吃的溫泉蛋、小米烤麻糬、小米甜甜圈。

2 高家冰溫泉蛋創始店

主打養生紹興溫泉蛋、炸皮蛋和溫泉蛋，吃過就會讓人念念不忘，就連在地人都說，沒吃過等於沒來過烏來老街，冰涼口感堪稱老街牌消暑聖品。

烏來瀑布 3

為懸谷式瀑布，是烏來區最著名地標景點，也是北台灣最具規模、落差最大的瀑布，在日治時代更享有「雲來之瀧」的美名。

4 雲仙樂園

位於烏來瀑布的上方，進入園區不僅需要搭乘巨型纜車，入園後還能體驗划獨木舟、射箭、漆彈，讓人身心放鬆、忘卻煩惱，是全台灣第1座遊樂園。

5 濛濛谷

湖水透澈山景環繞，是1960年代的約會聖地，從不同角度能感受到不同的美，湖中倒影像極了詩中描述美景，因而享譽國際。

路線 26

我是冒險王

暢遊山海之間

划船探險龍門吊橋、彩虹橋、福隆沙灘，走訪汽車廣告拍攝地點、唐朝詩句中「相看兩不厭」的涼亭，觀賞陰陽海、基隆山、黃金瀑布美景。

1 舟遊天下

除了一般的平台舟，還有印地安舟、海洋舟、SUP立式划槳供選擇，經教練教學、穿上救生衣後，便可直接出海冒險，教練還會在旁幫忙拍照、記錄。

2 寂寞公路

這裡是許多汽車廣告拍攝地點，有著綿延不絕、延伸至山頭的長長公路，因人煙稀少故很好拍照，也有不少自行車、重機車隊來跑山。

3 不厭亭

取自李白詩句「相看兩不厭」，一面可以眺望雙溪區全鄉風景，另一面則能遠眺瑞芳，天氣好時還能看到遠方湛藍海水，偶爾也有雲海圍繞。

報時山觀景台 4

只要登高5分鐘就能享360度無死角環繞美景，可遠眺陰陽海、基隆山，左側還有壯觀的無耳茶壺山，就連十三層遺址、金瓜石、金水公路等知名景點都能看得到。

黃金瀑布 5

藏在山中的黃金美景，這裡的瀑布很特別，是從地底湧出的，水色帶氧化後會呈現金屬礦石顏色，使得黃金瀑布的水色略帶黃色，拍起來十分壯觀、美麗。

路線

27 我是冒險王

風景最前線：鐵道線與海岸線

前往基隆市3大拍照景點探險，享受道地夜市小吃及美味饗宴；挑戰全台首座鐵道自行車，前往海岸線冒險。

1 深澳鐵道自行車

為全台首座自行車鐵道，不僅可以看到海岸線，途中還能觀賞8處色彩繽紛彩繪屋，並經過閃爍如煙火綻放、星空的夢幻隧道，是基隆市最新的打卡點。

2 潮境公園

近年因法國環境藝術家設置的《掃把救星》而爆紅，有超多巨無霸飛天掃把，無論是跳起來或是抓住掃把，都有進入電影的錯覺，讓你1秒進入魔女宅急便、哈利波特魔法世界。

3 阿根納造船廠遺址

許多攝影愛好者喜愛的廢墟外拍景點，就連拍攝著名電影《美國隊長》好萊塢明星克里斯・伊凡都曾來此拍攝廣告取景，目前需事先申請才能進入。

照片提供／基隆市政府

照片提供／基隆市政府

4 正濱漁港

自從將漁港屋子彩繪成彩色屋後，便獲得台版威尼斯彩色島稱號，彩虹屋反射至水面上的倒影照超夢幻，也很適合拍情侶照。

天天鮮排骨

排骨、大雞腿加上美味蝦仁，淋上老闆特製甜辣醬後，配上半熟蛋和台式酸菜跟高麗菜一起享用超美味，是在地人最推薦的美食。

5

路線 28

我是冒險王

煙雨朦朧的的城市祕境

循著三層橋遺跡冒險、走訪水圳橋，踏入以階梯式圍繞、彎曲小徑，大部分時間總是煙雨瀰漫的九份老街一探究盡。

山尖古道水圳橋 1

九份老街附近有很多古道，其中山尖古道藏有三層橋，堪稱祕境中最厲害的水圳橋，分為上中下3層，沿著步道往上走可通往九份老街。

九份老街 2

因許多階梯圍繞而別具特色，不僅能俯瞰基隆嶼、海景，還有許多特色紀念品店與在地美食。

金枝紅糟肉圓 3

九份老街上最老牌的紅糟肉圓，除了肉圓外，必點的還有一次享盡貢丸、竹炭火腿丸、黃金泡菜丸、翡翠花枝丸、紅麴鱈魚丸的五味綜合丸湯。

4 阿蘭草仔粿

現場新鮮製作，口味高達5種的高人氣的傳統古早味點心，淡淡草香的草仔粿，不僅外皮Q彈，還搭配菜脯米、紅豆、綠豆等包餡，是九份必買的伴手禮。

5 賴阿婆芋圓

這是一家祖傳4代的芋圓老店，主打五彩繽紛的芋圓，擁有超高人氣，除了常見的芋圓、地瓜圓外，還有紫薯圓、綠茶圓、芝麻圓。

6 阿妹茶樓

掛滿的紅燈籠、彎曲的階梯，充滿獨特的韻味，是旅客必訪的景點。

路線 29

我是冒險王

別有洞天海岸的風情

想要放鬆心情，除了出國旅行玩海島，還可以來石門、金山北海岸冒險，藍天白雲怎麼拍都美，穿梭在海蝕地形美景中，輕鬆自在又解憂。

富基漁港 1

經改建後，有了繽紛新風貌，無論是大閘蟹公仔、牆上馬賽克拼貼煙囪牆、可愛造型煙囪都超好拍，不僅能親自挑選新鮮活海鮮，還可請人代客料理超方便。

2 老梅迷宮

全台灣最大磚牆建造迷宮，藏身於富貴角園區內，東探頭、西探頭，無論怎麼拍都好看，走入迷宮像走進童話故事裡。

石門洞 3

呈拱型的石門洞，因擁有不少豐富潮間帶生態之美，而成為拍攝婚紗景點，一旁的拱橋礁石、海岸上的情人橋，都讓人有在小島度假的錯覺。

金山老街 4

除了賣阿玉麻粩、一口酥、黑糖糕等特殊伴手禮，還有回訪率超高的芋圓王、以紅心地瓜、仙人掌等古早味泡泡冰聞名的冰芝林。

金山芋圓王 5

還記得以前每週四必看的《愛玩客之老外看台灣》嗎？當時吳鳳、夏語心、李小飛吃的真材實料巨無霸芋圓，就是這家！

路線 30

我是冒險王

膽戰心驚的自我挑戰

踏上前往捕捉巨大鱷魚的冒險旅程，前往不見天街探險，沿途經過吊橋、俯瞰石門溪谷、吊橋建築，讓平凡的生活多點驚奇，多點不一樣。

溫州街蘿蔔絲餅達人

日賣1000個蘿蔔絲餅的人氣小吃店，招牌蘿蔔絲餅不僅內餡會噴汁，蘿蔔也超有甜度，從　麵皮、包料到進鍋油炸，每一個步驟都十分細心，是一家道地傳統的銅板價平民小吃。

1

2 鱷魚島觀景平台

千島湖中住有全世界最大鱷魚，能將千島湖及清水澳海景一次盡收眼底，想要收服巨大鱷魚，來這裡就對了！

淡蘭古道(石碇段)

3

入口處為100公尺長的淡蘭吊橋，沿途可俯瞰石碇溪谷，能直接通往石碇老街，步道經過細心規劃，就連平常沒運動的人來挑戰都沒問題。

4

石碇老街

老街有著特殊的吊橋建築，利用柱子支撐河床之上，是石碇區最早開發的區域，除了難得一見有2層高天花板的「不見天街」，還有眾多美味豆腐名店。

台北最好玩：Muying帶路深度遊台北

4大主題×30條路線×199個景點

作　　者　李慕盈
繪　　者　賴雅琦
編　　輯　藍匀廷
校　　對　藍匀廷、蔡玟俞
　　　　　吳雅芳、黃子瑜
　　　　　李慕盈
美術設計　何仙玲

發 行 人　程顯灝
總 編 輯　呂增娣
資深編輯　吳雅芳
編　　輯　藍匀廷、黃子瑜
美術主編　劉錦堂
行銷總監　呂增慧
資深行銷　吳孟蓉

發 行 部　侯莉莉
財 務 部　許麗娟、陳美齡
印　　務　許丁財
出 版 者　四塊玉文創有限公司

總 代 理　三友圖書有限公司
地　　址　106台北市安和路2段213號4樓
電　　話　(02) 2377-4155
傳　　真　(02) 2377-4355
E－mail　service@sanyau.com.tw
郵政劃撥　05844889 三友圖書有限公司

總 經 銷　大和書報圖書股份有限公司
地　　址　新北市新莊區五工五路2號
電　　話　(02) 8990-2588
傳　　真　(02) 2299-7900

製版印刷　卡樂彩色製版印刷有限公司

初　　版　2021年1月
定　　價　新台幣399元
ＩＳＢＮ　978-986-5510-50-3（平裝）

國家圖書館出版品預行編目 (CIP) 資料

台北最好玩：Muying帶路深度遊台北：4大主題X30條路線X199個景點 / 李慕盈作；賴雅琦繪. -- 初版. -- 臺北市：四塊玉文創有限公司, 2021.01
　面；　公分
ISBN 978-986-5510-50-3(平裝)
1.旅遊 2.臺北市
733.9/101.6　　109020568

行腳走天下

清萊。慢慢來：

必訪文化景點╳絕美產地咖啡館╳道地美食╳在地人行程推薦，讓你一次玩遍清萊

尤娜 著／定價 380元

長住清萊的旅遊達人帶路，搭配詳盡的交通資訊、景點QRcode，就能輕鬆玩遍清萊！到富藝術感的廟宇觀賞參拜、來遼闊茶園以茶香佐美景，參觀歷史因素而成的少數民族村……一書在手，景點豐富任你遊！

太愛玩，冰島：

新手也能自駕遊冰島，超省錢的旅行攻略

Gavin 著／定價 350元

追極光、泡溫泉、登火山……詳細的自駕資訊、絕美的私房景點，5天重點玩、10天完整玩、15天優閒玩，不管幾天都能感受冰島好！好！玩！

登山新手必備指南：

為台灣登山量身打造的圖解入門百科

李嘉亮、邢正康 著／定價 550元

登山新手必備，從山岳分級、登山辨位、訓練體能，到如何選購服飾、登山裝備、飲食炊膳，與最重要的高山安全、待救脫困等重要知識，從基本郊山到百岳高山，絕對需要的入門指南！

台東的100件小事：

逛市集、學衝浪、當農夫，一起緩慢過日子

台東製造 著／定價 380元

金針花、鬼頭刀、金城武樹……你以為，台東只有這些「特產」嗎？跟著魚群一起晨泳，品嘗部落VUVU特製搖搖飯，在山裡尋找會走路的樹，透過在地人推薦的100件小事，帶你玩不一樣的台東，學習正港的慢活。

瘋路跑：

從最正統到最瘋狂，195場讓你大呼過癮的路跑賽事！

娜塔莉．希瓦 著／彭小芬 譯／定價 460元

本書精選195場最有趣、最傳奇、景色最壯麗、最挑戰體能極限以及最吸引貪吃鬼的路跑，從最正統到最瘋狂，195場讓你大呼過癮的路跑，給不安分的靈魂，來一場瘋狂的Road running！

跟著有其甜：

米菇，我們還要一起旅行好久好久

賴聖文、米菇 著／定價 350元

19歲的男孩與被人嫌棄的黑狗（米菇），原本不可能有交集的生命，在一個如常的夜裡有了交會。男孩開始學習與狗相處，米菇開始信任人類；最後他們決定，即使米菇只剩2年壽命，也要一起去旅行。

生活中的小美好

到巴黎尋找海明威：

用手繪的溫度，帶你逛書店、啜咖啡館、閱讀作家故事，一場跨越時空的巴黎饗宴

羅彩菱 著、繪／定價380元

130多張的精美手繪插圖，運用簡單的線條，搭配雅致的色彩，一筆一畫間，不只保有真實的城市景緻，更讓人對優雅的法式韻味充滿想像！

闖進別人家的廚房：

市場採買╳私房食譜 橫跨歐美6大國家找家鄉味

梁以青 著／定價 395元

食物，滿足的從來不只是胃囊，更是乾涸的心靈，一個單身女子，一趟回歸原點的旅程，卻意外闖進了別人家的廚房，從墨西哥媽媽到法國型男主廚再到義大利奶奶，從美洲一路到歐洲，開啟了一場舌尖上的冒險之旅。

巴黎甜點師Ying的私房尋味：

甜點咖啡、潮流美食推薦給巴黎初心者的16條最佳散步路線

Ying C. 著／定價 380元

讓出身廚藝名校Ferrandi的專業甜點師Ying，為你舀上一匙私藏的巴黎滋味，一起探索真正的花都食尚，發現這座城市對味與美的不懈追求。

別怕！B咖也能闖進倫敦名牌圈：

留學╳打工╳生活，那些倫敦人教我的事

湯姆（Thomas Chu）著／定價：360元

讓湯姆來告訴你，打工度假不是只能在果園、農場、餐廳……面試實戰經驗，精彩倫敦體驗，橫跨留學、工作、生活，倫敦教給他的3年，跟別人都不一樣。

出發！帶毛小孩去民宿住一晚：

全台42家寵物友善民宿之旅

葉潔如 著／定價 360元

作者帶著自家毛小孩實地走訪全台灣42家寵物友善民宿，山腰間、海岸邊、市區巷弄裡，不同形態特色的居住環境，不同主人與毛孩間的動人故事，讓毛小孩和旅人不論何時何地都有個溫暖的落腳處。

療癒食光：

咪豆栗的日常茶飯事

咪豆栗 著／定價 380元

做一道料理送給過去的自己，也獻給蛻變後，全新的你！用味道承載過去，在舌尖釋放情感與回憶；以微笑與淚水調味，烹煮出生命的甜美，撫慰每一顆曾經受傷的心。

我是冒險王

世界遺產：

跟著深度旅行家馬繼康看世界：不一樣的世界遺產之旅2

馬繼康 著／定價 390元

深入巨蜥之巢，體驗與龍共舞的刺激；親臨歷史建築，感受文明的震撼；攀上高山巔峰，我們就在與天空伸手可及的距離……踏訪24處世界遺產，閱讀地球最原始的生命記憶。

翻轉旅程：

不一樣的世界遺產之旅

馬繼康 著／定價 370元

跟著旅遊達人馬繼康，深度探訪各地世界遺產，讓他用最溫柔善解的旅行思維，不只翻轉你對世界遺產的過往印象，更翻轉你的人生旅程！

這些國家，你一定沒去過：

融融歷險記387天邦交國之旅

融融歷險記 Ben 著／定價 360元

想一探異國精采多元的文化，想一窺遠方好友的神祕樣貌，讓作者融融用387天+1顆熱血的心，帶你繞著地球跑。

我沒錢，所以邊畫畫邊旅行：

帶著一支畫筆，一顆開闊的心，勇闖世界

陳柔安 著／定價 380元

帶著一支畫筆、一顆開闊的心，勇闖伊索比亞、蘇丹、新疆、北韓等多個國家，每一趟旅程中，遇見的人、經歷的事……讓作者深信，世上的好人比壞人多，一個人其實也能很勇敢！

真正活一次，我的冒險沒有盡頭!從北越橫跨柬埔寨，一場6000公里的摩托車壯遊

黃禹森 著／定價 380元

「人生沒有白走的路，每一步都算數」樂壇大師——李宗盛這麼說過。而黃禹森帶著相同的信念，用60天、35,000元、超過6,000公里路途騎著一台摩托車，踏遍東南亞。

搖滾吧！環遊世界 Rock'n Round The World

Hance、Mengo 著／定價 320元

面對未來，還在躊躇不前嗎？夢想夠多了，你需要的其實是勇氣。跟著Hance&Mengo的腳步，展開一場橫跨4大洲、21國，為期365天的精彩旅程！

大人繪

小資女職場血淚向前衝：

生活就是一邊前進，一邊轉彎

帕帕珍（PapaJane） 著／定價 300元

夢想真的能當飯吃嗎？為什麼別人過著精采生活，自己卻過得一塌糊塗？上班族的厭世與曙光，都能在這本書裡找到答案。

阿油的動物溝通日記：

動物心內話大公開

阿油 著／定價 300元

關於動物夥伴們的心內話，你知道多少呢？人氣動物溝通圖文漫畫作家——阿油，用畫筆記錄毛孩們的內心世界，為你解說動物夥伴們的萌言萌語！

我眼中的世界

寶總監 著／定價 320元

不管幾次，我知道你一定會朝我伸出手，那是一雙引領幸福的手，為了與你重逢，我選擇迎向前去……

那些日子，遇見了更好的自己

腋毛人Yemao 著／定價 350元

現實生活很艱難，你值得最溫柔的對待，就讓溫暖動人的圖畫，與富有同理心的手寫文字，好好療癒你疲憊的心。

社畜生活：

慣老闆、豬隊友全部不是想像中那樣？

奇可奇卡 著／定價280元

老闆好機車？員工愛偷懶？一樣事件、兩種立場，職場上只有知己知彼，辦公室才能更和氣！

10秒鐘美食教室：

秒懂！那些料理背後的二三事

Yan 著、繪／定價：350元

為什麼叫愛玉？南北粽哪裡大不同？花枝、魷魚、章魚到底怎麼分？台灣的冰到底有幾種？讓超人氣圖文創作者「10秒鐘教室」教你用最有趣的方式認識食物！

心理勵志

擺脫無力感：

拿回人生主動權

二美著／定價：350元

人生不容易，誰不是一邊崩潰，一邊卯足前進？即使半吊子又笨拙，還是要懷抱夢想，拿回人生的主導權。這是一本不說大道理，最符合人性的治癒系拯救人生指南。

我走了很遠的路，才來到你的面前

小馬哥 著／定價：320元

在步入人生的最初，誰都會經歷一段黑暗中的踉蹌前行，願本書可以成為你漆黑夜空中的一道光，照亮你崎嶇艱辛的路！

直到最後的最後，我都會堅持下去！：

小律師的逃亡日記2

黃昱毓 著／定價：330元

善用五年計劃表、三段時間法、便條紙筆記術，沒有超群的天賦，那就用超凡毅力和超前規劃，為自己打造不後悔的人生。

三萬英呎高空的生活：

一名空姐的流水帳日記

王小凡、楊志雄 著／

定價：320元

機艙內，有同事情誼、也有乘客緣分；機艙外，有旅行趣事、也有職場冷暖。我在三萬英呎的高空上，打卡上班。這是我的空姐日記，也是我珍貴的回憶！

我不是叛逆，只是想活得更精彩：

小律師的逃亡日記

黃昱毓 著／定價：350元

想過什麼樣的生活，要靠自己去選擇。看人人稱羨的小律師，如何卸下身分光環，讓自己活得更出色。因為人生無法重來，想清楚了，就出發！

温語錄：

如果自己都討厭自己，別人怎麼會喜歡你？

温秉錞 著／定價：350元

不費力的生活從來都不簡單。大聲告訴自己：人生與夢想，無論哭著、笑著都要走完！就和温秉錞一起品味人生百態，哭完、笑完後，心也暖熱起來！

廣　告　回　函
台北郵局登記證
台北廣字第2780 號

地址：　　　縣/市　　　　鄉/鎮/市/區　　　　路/街

段　　巷　　弄　　號　　樓

三友圖書有限公司 收

SANYAU PUBLISHING CO., LTD.

106　台北市安和路2段213號4樓

「填妥本回函，寄回本社」，
即可免費獲得好好刊。

\ 粉絲招募歡迎加入 /

臉書／痞客邦搜尋
「四塊玉文創／橘子文化／食為天文創
三友圖書——微胖男女編輯社」
加入將優先得到出版社提供的相關
優惠、新書活動等好康訊息。

四塊玉文創×橘子文化×食為天文創×旗林文化
http://www.ju-zi.com.tw
https://www.facebook.com/comehomelife

【黏貼處】對折後寄回，謝謝。

親愛的讀者：
感謝您購買《台北最好玩：Muying帶路深度遊台北：4大主題 ╳ 30條路線 ╳ 199個景點》一書，為感謝您對本書的支持與愛護，只要填妥本回函，並寄回本社，即可成為三友圖書會員，將定期提供新書資訊及各種優惠給您。

姓名 ＿＿＿＿＿＿＿＿ 出生年月日 ＿＿＿＿＿＿＿＿
電話 ＿＿＿＿＿＿＿＿ E-mail ＿＿＿＿＿＿＿＿
通訊地址 ＿＿＿＿＿＿＿＿
臉書帳號 ＿＿＿＿＿＿＿＿
部落格名稱 ＿＿＿＿＿＿＿＿

1 年齡
□ 18 歲以下 □ 19 歲～ 25 歲 □ 26 歲～ 35 歲 □ 36 歲～ 45 歲 □ 46 歲～ 55 歲
□ 56 歲～ 65 歲 □ 66 歲～ 75 歲 □ 76 歲～ 85 歲 □ 86 歲以上

2 職業
□軍公教 □工 □商 □自由業 □服務業 □農林漁牧業 □家管 □學生
□其他 ＿＿＿＿＿＿＿＿

3 您從何處購得本書？
□博客來 □金石堂網書 □讀冊 □誠品網書 □其他 ＿＿＿＿＿＿＿＿
□實體書店 ＿＿＿＿＿＿＿＿

4 您從何處得知本書？
□博客來 □金石堂網書 □讀冊 □誠品網書 □其他 ＿＿＿＿＿＿＿＿
□實體書店 ＿＿＿＿＿＿＿＿ □ FB（四塊玉文創／橘子文化／食為天文創 三友圖書——微胖男女編輯社）
□好好刊（雙月刊） □朋友推薦 □廣播媒體

5 您購買本書的因素有哪些？（可複選）
□作者 □內容 □圖片 □版面編排 □其他 ＿＿＿＿＿＿＿＿

6 您覺得本書的封面設計如何？
□非常滿意 □滿意 □普通 □很差 □其他 ＿＿＿＿＿＿＿＿

7 非常感謝您購買此書，您還對哪些主題有興趣？（可複選）
□中西食譜 □點心烘焙 □飲品類 □旅遊 □養生保健 □瘦身美妝 □手作 □寵物
□商業理財 □心靈療癒 □小說 □繪本 □其他 ＿＿＿＿＿＿＿＿

8 您每個月的購書預算為多少金額？
□ 1,000 元以下 □ 1,001 ～ 2,000 元 □ 2,001 ～ 3,000 元 □ 3,001 ～ 4,000 元
□ 4,001 ～ 5,000 元 □ 5,001 元以上

9 若出版的書籍搭配贈品活動，您比較喜歡哪一類型的贈品？（可選 2 種）
□食品調味類 □鍋具類 □家電用品類 □書籍類 □生活用品類 □ DIY 手作類
□交通票券類 □展演活動票券類 □其他 ＿＿＿＿＿＿＿＿

10 您認為本書尚需改進之處？以及對我們的意見？

＿＿＿＿＿＿＿＿

感謝您的填寫，
您寶貴的建議是我們進步的動力！

【黏貼處】對折後寄回，謝謝。